한국 뇌성마비장애인의 QOL에 대한 이해

여가문화활동을 중심으로

정일교

양 성 원

머리말

장애를 가진 인구의 증가와 더불어 장애인 차별금지 및 권리구제 등에 관한 법률, 장애인·노인·임산부 등의 편의증진보장에 관한 법률, 교통약자의 이동편의 증진법의 제정 등 보건, 복지, 교육, 사회참여 등 장애인에 대한 전반적인 환경이 변화하면서 장애인의 QOL 향상에 대한 관심이 증가하고 있다.

QOL은 일상생활에서의 신체적, 정신적, 사회적, 영적 요인에 대한 개인의 주관적, 추상적, 복합적 용어임으로 그 속성을 규정하고 측정하기란 쉽지는 않다. 특히, 장애인의 경우 장애정도와 장애유형에 의해 개별적으로 QOL에 대한 니즈(needs)가 달라지므로, 장애인의 QOL을 구성하는 영역은 장애인의 특수한 니즈(needs)에 따라 다를 수 있다.

뇌성마비장애인의 상당수가 중증장애인이며, 의사소통 장애와 인지기능 장애, 정서·행동장애, 학습장애, 보기, 집중력, 먹고 삼키기 장애 등 중복장애를 가진 경우가 많다. 이러한 뇌성마비는 뇌병변장애의 하위분류 중 하나로 외상성 뇌손상, 뇌졸중과 같이 뇌병변장애로 분류되고 있지만 외상성 뇌손상, 뇌졸중과는 매우 다른 발생원인과 장애형성의 과정, 개인적인 경험을 가지게 된다. 따라서 뇌성마비장애의 특성에 맞는 장애인복지정책의 방향설정이 필요하다. 그러나 2003년 장애인복지법이 개정되기 전까지는 뇌성마비장애인을 장애 특성에 대한 배려 없이 지체장애로 통합 분류하였다. 이후에도 뇌병변장애로 통합 분류하고 있어, 국내 등록인 숫자와 같은 기초적인 실태는 물론 이들의 개별화된 욕구와 특성의 파악도 어려운 실정이다(김현우, 김대원, 2013: 194).

실질적으로 한국에서 뇌성마비장애인은 장애인복지법시행령의 장애유형 및 기준에서 뇌병변장애의 원인의 하나로 언급되고 있으며, 장애인복지법에서 뇌성마비가 뇌병변장애에 포함된 결과 뇌성마비라는 용어는 학문적으로나 실제적으로 장애인복지 현장에서 광범위하게 사용되고 독특한 장애특성이 있음에도 불구하고 국가에서 법률에 의하여 공식적으로 실시하는 실태조사에서 뇌성마비에 대한 기본적인 정보는 없다. 따라서 뇌성마비장애인에 대한 국가 차원의 정의, 실태조사에 따른 복지정책의 방향이 거의 이루어지지 않고 있으며(박희찬, 2016:2) QOL에 대한 연구는 부족하다.

본인은 일본에서 1993년부터 1999년 3월까지 장애인복지정책을 공부하였으며, 한일 장애인 단체의 교류활동에 참여할 기회를 가졌다. 한일 교류활동 참가는 일본 뇌성마비장애인의 자립생활과 자립센터를 연구 주제로 공부하는 계기가 되었다.

특히 일본의 공동련(차별과 싸우는 공동체전국연합)과 교류활동 중에는 장애인의 노동과 임금, QOL에 대한 구체적인 내용을 파악하는 계기가 되었다. 또 '오사카 자립생활지원센터 파티 파티'에서 장애인활동지원서비스 활동을 통해 일본 뇌성마비장애인의 자립생활을 지켜볼 기회가 됐다. 이러한 활동은 뇌성마비장애인의 자립생활과 QOL에 대한 관심을 갖게 하는 계기가 되었다.

지금까지 이루어지고 있는 뇌성마비장애인의 QOL에 대한 선행연구를 보면, 뇌성마비장애인의 QOL에 대한 연구는 거의 이루어지지 않고 있다.

더구나 본 연구에서 살펴보고자 하는 뇌성마비장애인의 QOL과 관련된 생태체계 변인, 사회적 지지, 자아존중감, 사회적 인식, 여가문화활동, 영성(spirituality)과 관련된 연구는 거의 이루어지지 않고 있다. 따라서 본 연구는 이러한 주제와 관련하여 지금까지 거의 연구가 이루어지지 않았던 뇌성마비장애인에 초점을 두고, 뇌성마비장애인의 QOL에 대하여 살펴보고자 한다.

본 연구는 뇌성마비장애인에 초점을 맞춘 연구가 거의 이뤄지지 않은 현실에서 국내 뇌성마비장애인의 QOL을 대상으로 한 연구로서 뇌성마비장애인에 대한 연구의 기초를 제공했다는 데 연구의 의미가 있다고 생각한다. 특히 본 연구는 뇌성마비장애인의 여가문화활동에 초점을 두고자 한다. 최근 경제성장과 생활수준의 향상으로 인해 여가문화활동에 대한 관심이 많아지고 그 참여가 높아지고 있음에도 불구하고 장애인들에 대한 여가문화활동에 대한 관심은 거의 없으며, 현실적으로 시행되고 있는 대부분 여가문화활동의 사회환경적 여건은 주로 비장애인을 대상으로 하고 있어, 장애인들의 여가문화활동의 욕구를 충족시키기에는 한계가 있기 때문이다.

2020. 10.

저자

차 례

Part 06 뇌성마비장애인의 영성과 QOL

Part 보론 뇌성마비장애인의 사회참여(여가문화활동)를 위한 일본사례의 시사점

Part 결론 한국 뇌성마비장애인의 QOL에 대한 이해

01

뇌성마비장애인의 개념과 QOL의 기초적 이해

01 뇌성마비장애인의 개념과 QOL

1. 뇌성마비의 개념

뇌성마비는 하나의 질병이 아니라 유사한 임상적 특징을 가진 증후군을 집합적으로 일컫는 용어로, 미성숙한 뇌에 대한 비진행성 병변 혹은 손상으로 생기는 운동과 자세의 장애를 보이는 임상증후군을 말한다.

뇌성마비(Cerebral Palsy; CP)는 하나의 질병이라기 보다는 비정상적인 자세와 운동패턴 등과 같은 복잡한 질환이다(Graham & Selber, 2003). 뇌성마비는 성장하고 있는 태아 및 유아의 뇌에서 발생하는 비진행성장애로서, 자세조절과 움직임에 장애가 발생하여 성장에 따른 정상적 발달을 하지 못하게 되어 결국 신체적 활동에 어려움을 겪게 된다(Dalvand et a1, 2009). 뇌성마비의 일반적인 특징으로는 근육의 경련, 고축 및 경축 등에 의하여 힘줄에 이상이 생기고 힘줄의 부피가 감소하여 관절가동범위(Range of Motion; ROM)가 감소하게 된다(최철순, 2017). 이때 손상은 근육이나 척수에 연결된 신경에서 일어난 것이 아니라 근육을 조절하는 뇌에서 일어난 것을 말한다. 뇌손상의 위치와 정도에 따라 지적장애나 경련, 언어장애, 학습장애, 시력 및 청력

문제를 동반하기도 한다(강서뇌성마비복지관, 2016: 12). 이러한 뇌성마비는 아동의 발달에 영향을 주기 때문에 발달장애라고도 하며, 외적 운동기능 손상을 동반하므로 영유아기 초기에 발달을 평가하여 가장 먼저, 쉽게 진단할 수 있는 발달장애 중의 하나이다(한국장애인개발원, 2013: 9).

뇌성마비를 가진 사람들은 의료적 장애를 갖지 않으나 뇌와 뇌의 운동기능장애는 발작(경기)을 일으킬 수 있고, 지능발달, 외부 세계에 대한 주의, 행동 및 활동, 시각 및 청각을 손상시킬 수 있다. 뇌성마비는 운동장애의 형태에 따라 경직형, 무정위운동형, 운동실조형, 혼합형으로 분류된다. 경직형 뇌성마비는 전체의 70~80%를 차지하며 근육이 딱딱하고 영구적으로 구축되어 있다. 무정위운동형은 통제할 수 없고 몸을 뒤트는 것이 특징이며, 정신적 스트레스가 심할 때 증가하기도 하며, 수면 시는 사라진다. 운동실조형은 전체 뇌성마비의 5~10% 정도를 차지하며, 균형 감각과 높이에 대한 지각에 영향을 미친다. 혼합형 뇌성마비는 이상의 세 가지 형태가 혼합된 상태를 말하는데 가장 흔한 경우는 경직형과 무정위운동형의 혼합형이라 할 수 있다.

한국보건사회연구원의 2014년 장애인실태조사(한국보건사회연구원, 205: 136-137)에 따르면 뇌성마비의 동반증상으로는 경직·불수의 운동이 가장 많아서 75.4%를 차지하고 있으며 관절구축이 49.8%, 배변장애를 갖는 경우도 28.9%로 조사되었다. 또한 동반장애로는 언어장애가 가장 많아서 49.8%를 차지하고 있고, 지적장애 23.4%, 시각장애 15.7%, 청각장애 11.8%의 순으로 언어장애와 지적장애가 많음을 알 수 있다. 성별로는 남자의 경우가 청각장애, 언어장애, 뇌전증장애의 동반장애를, 여자의 경우는 시각장애, 지적장애, 기타의 동반장애를 갖는 비율이 높아 다소의 차이를 보이고 있다(정일교, 2018:74).

뇌성마비의 원인은 선천적으로, 원인의 대부분을 알 수 없다. 그러나 임신 기간 중 출산 시 뇌 안의 운동중추에 손상을 입었을 경우 발생하는 것으로 보고 있으며 특히 산중 감염으로서 홍역 또는 풍진, 유아황달, 약물중독, 가스중독, 진통 및 분만 시 뇌의 심한 산소 부족이나 두뇌 이상 등이 뇌성마비 원인의 많은 부분을 차지한다. 출산

중에는 조산, 난산, 혈액형의 부적합, 신생아 황달, 산소부족 등으로 인해 발생한다(정일교 · 김만호, 2014: 144-145). 또한 출산 후에는 신생아의 뇌염, 뇌막염, 뇌출혈, 외상, 백일해, 납중독 등이 뇌성마비장애의 원인이 된다. 뇌성마비장애의 발생은 태아기로 30% 정도 발생하고, 출생 시에 60%가 발생하며, 출생 후에 10% 정도가 발생한다(장애인직업안정연구원, 2004, 김재익, 2011: 15재인용). 조산아에게 일상적으로 나타나는 신생아 호흡곤란도 졸증(stroke)의 한 가지 원인으로 뇌성마비의 원인이 된다. 후천적 뇌성마비는 태어난 후 초기 몇 달 또는 몇 년 동안에 발생한 뇌손상에 의한다(정일교 · 김만호, 2014: 144-145).

뇌성마비장애는 1843년 영국의사 Litte이 처음 발견한 장애이며, 인구 1,000명당 약 7명꼴로 발생한다. 뇌성마비장애는 보통 특정한 발달시기에 발생한 경우에 명칭을 부여하는 데 일반적으로 이 시기를 만 8세까지 고려하지만, 학자에 따라서는 12세까지 연장해서 보기도 한다(이달엽, 1998).

지난 30년간 조산아와 신경계의 손상을 입은 태아의 출산율과 생존율이 증가함에 따라 뇌성마비장애의 경우 다른 장애 유형들과는 달리 선천적인 발생 비율이 더 증가하고 있다고 보고되고 있다(Steven, L.C. & Gary, D.V.Hankins, 2003; 노효련 · 안소윤, 2001).

장애인복지법 시행령(2014.4.6. 개정)에서는 뇌성마비장애인에 대한 별도의 규정 없이 뇌성마비 장애를 외상성 뇌손상, 뇌졸중 등 뇌병변장애에 포함하여 분류하고 있으며, 뇌의 기질적 병변으로 인하여 발생한 신체적 장애로 보행이나 일상생활동작 등에 상당한 제약을 받은 사람으로 규정하고 있다. 따라서 뇌성마비장애인에 대한 법 규정은 물론 등록 장애인 수 등 기초적인 현황파악부터 어려운 실정이며, 구체적인 뇌성마비장애인 수에 대한 공식적인 통계가 없다.

공식적인 통계가 부재하므로 뇌성마비장애인의 인구 현황은 뇌병변장애인의 출현을 통하여 추정하여 볼 수 있다. 즉, 보건복지부의 2014년 장애인 실태조사에 근거하여 추정하여 보면 뇌병변장애인의 출현율은 0.48%, 추정 수는 234,675명이다. 중복장애로 뇌병변이 있는 경우도 포함하면 출현율은 0.62%로 추정 수는 302,362명이다. 뇌성마비장애인 출현율은 뇌병변장애의 출현율인 0.62%의 8.2%에 해당하므로 0.051%로 산출이 가능하다. 그러나 뇌성마비장애인 출현율 0.051%는 뇌성마비 관련 국외 전문 학술지(Cansu, A., Secil, O. & Tezcan, S.,; Dolk, H., Parkes, J., & Hill, N.; Himmelmann, K., Beckung, E., Hagberg, G., & Uvebrant, P.; Johnson, A, Sigurdardottir, S., & Thorkelsson, T., Halldorsdottir, M., Thorarensen, O., Vik, T.)에서 제시하고 있는 뇌성마비 출현율인 0.2～0.3%에 비하여 1/4 이하로 낮은 비율이다(박희찬, 2016: 7). 이와같이 뇌성마비장애인의 현황에 대한 국가적인 통계가 없어 대부분 출현율에 의지하여 대략적인 현황을 파악하고 있는 현실이다.

2. QOL

QOL은 개인적 삶의 핵심적인 성과라는 점에서(Townsend-White, Pham, & Vasos, 2012), 1980년대 후반 이후 전 세계적으로 장애인을 대상으로 한 교육, 고용 및 제반 서비스의 계획, 실행 및 평가 맥락에서 관심이 지속적으로 증대되어왔다(Dardas & Ahmad, 2014). QOL 개념의 등장은 그 자체로서 전통적 장애인 서비스에서 주요 관심을 받아오지 못했던 장애인 본인의 '주관적 관점'에 대한 존중과 경청을 촉구하였다. 또한 QOL개념은 장애에 대한 사회의 변화된 시각과 장애를 이해하는 모델이 의료적 모델에서 사회모델, 인권모델로 변화하는 관점을 반영하며, 더 광범위하게는 장애인을 위한 서비스의 질적 혁명을 의미한다(Schalock & Keith, 2016 부분수정).

QOL에 대한 연구가 활발하게 이루어지면서 유엔 장애인권리협약의 조항들과 QOL의 하위영역이나 지표들의 연계성에 대한 연구결과로 QOL의 영역과 지표들이 장애인권리협약에 반영되어 인권 조항에 포함하게 되었다. 이를 통하여 장애인 인권과 QOL 향상이 함께 증진될 수 있었으며, 인권과 QOL 개념이 장애인 정책과 실제를 이끌어 갈 수 있다고 주장되었다(Claes, Vandenbusche, & Lombardi, 2016).

Schalock & Keith(2016: 4)는 QOL의 개념화에 대해 다음과 같은 원칙을 제시하였다. 첫째, QOL은 다차원적이며 개인적이고 환경적인 요인과 이것들의 상호작용에 의해 영향을 받는다. 둘째, QOL은 모든 사람에 대해 동일한 구성요소를 갖는다. 셋째, QOL은 주관적 요소와 객관적 요소 모두를 포함한다. 넷째, QOL은 자기결정, 자원(resources), 삶의 목적 및 소속감으로 증진된다.

QOL은 일반적으로 객관적 생활환경, 건강상태, 생활에 대한 주관적인 만족감 등에 대한 객관적·주관적 평가를 말한다(Holloway & Carson, 2002). 세계보건기구(WHO)에 의하면 QOL이란 한 개인이 살고 있는 문화권과 가치체계의 맥락 속에서 자신의 목표, 기대, 규범, 관심과 관련하여 자신이 차지하는 위치에 대한 개인적인 견해를 의미한다고 하였으며 QOL을 결정하는 요인으로 건강상태, 생활방식, 생활만족도, 정신상태, 안락성 등을 포함한 심리적 영역, 독립정도, 신체적 영역, 사회적 관계, 환경, 영적 영역을 제시하였다(안혜영, 2012: 7).

이렇게 QOL이란 물질적, 비물질적 요소를 포함하는 포괄적인 개념으로 일상생활의 외형적인 상태뿐만 아니라 내면적, 심리상태, 개인의 가치의식이나 경제, 정치, 사회문화 환경 등을 포함한다. QOL이란 시간과 공간에 구애받지 않는 절대적인 개념이라기보다는 한 사회의 경제, 정치, 사회 발전 수준과 사회구성원들의 가치관과 관습에 따라 변화되는 상대적인 개념이다. 따라서 개인에 의해 경험되는 일상생활에 대한 느낌인 만족감이나 행복감이 QOL을 결정하는 중요한 요인이라 할 수 있다.

三谷壽明(1995:146)은 "QOL이란 전체적으로 행복한 상태로 정의되며, 그것은 인생의 전체적인 충족감, 행복감, 안심 혹은 성공감과 동의어라 할 수 있다. 전체적으로 행복한 상태는 개인적 특징(예를 들어 연령, 성별, 사회적·문화적 배경, 인지·적응의 기능수준, 교육수준, 건강상태)과 환경적 지원(예를 들어 부모, 형제 등)과의 함수로 정의된다. 이러한 개인적 QOL의 특징은 인생을 객관적인 7영역 즉, 건강, 생활환경, 가족, 사회적·정서적 관계, 교육, 노동, 여가로 압축된다. QOL의 객관적 지표는 이러한 7영역 각각에서 나타나는 만족도의 관찰과 측정을 통하여 분석될 수 있다"고 하였다.

QOL과 관련하여 박승희(2002)는 장애인의 QOL을 구성하는 요소로서 정서적 안녕과 만족, 대인관계, 물질적 안녕, 개인의 수행과 발달, 신체적 안녕, 자기결정과 선택, 사회적 통합, 권리의 총 8개항의 영역들을 들고 있다. 이러한 QOL의 개념은 절대적 개념이 아닌 한 사회의 정치, 경제, 사회의 발전수준과 사회 구성원들의 가치관, 관습에 따라 변화할 수 있는 상대적 개념이라 할 수 있다(안혜영, 2012: 6).

이러한 QOL은 객관적인 차원에서 경제적 생활수준, 자연 상태(자연자원의 개발, 환경오염 정도 등), 사회적인 생활환경(주택, 전력, 교통, 의료, 음식섭취, 교육, 여가 및 문화 등)과 가족적 생활환경(친구, 집안일, 결혼, 자녀, 양육, 건강, 직업 등)을 포함하는 지표이기도 하다. 주관적 차원으로는 정신적, 정서적, 심리적(선택과 결단의 자유, 사랑, 자아, 실현, 만족감 등) 평가 및 생활에 대한 주관적 만족도를 나타내는 것이다(박현옥 · 이한나, 2006: 83-93).

임근식(2012: 48-49)은 "QOL이란 시대와 생활환경에 영향을 받지 않는 절대적 개념이라기보다는 한 사회의 경제 · 정치 · 사회의 발전 수준과 사회구성원들의 개인특성, 가치관과 관습, 생활조건에 따라 변화할 수 있는 상대적 개념이라 할 수 있다. 따라서 QOL의 개념을 정의내리기 위해서는 사회구성원들이 주변환경의 변화에 어떻게 느끼고 생각하는가를 상대적인 관점에서 확인하고 평가해야 하며, 이러한 평가는 일반적으로 주관적인 성격을 띠게 된다. 학자에 따라서는 삶에 대한 높은 만족감으로 보고 있는데 이 정의에 따르면 만족감은 자신이 경험하는 느낌으로서 주관적인 것이다. 사회구성원 개인들의 경험은 삶의 과정에서 얻게 되며 생활주변과의 접촉에서 발생되는 결과가 중요한 경험이 된다. 이는 비록 QOL이 주관적이긴 하지만 한편으로는 생활주변과의 물질적, 비물질적 관계 속에서 상대적으로 결정되는 개념임을 보여주고 있다"라고 하였다.

장애인의 QOL은 "모든 영역에서 주체적이고 적극적인 참여가 가능하고, 자기표현과 선택의 자유를 가지며, 인생에 있어서 풍부한 경험, 안정감, 질 좋은 생활, 본인의 능력을 활용하여 본인에 관한 것은 본인이 자유롭게 선택하면서 자기실현을 하고, 타인으로

부터 존경받으며 자존감을 가지며 생활하는 것"을 말한다(정일교, 김만호 2014: 41).

砂原茂一(1985)는 심신에 '장애'를 가진 사람들의 QOL은 "건강"의 결함 유형으로서 생각해서는 안 되며, 질적으로 다른 가치체계로서 인식해야 한다고 하였다. 장애인의 QOL은 중요 신체기능의 치료, 심리적 균형과 전인적 재통합, 대인관계와 사회에 대한 재통합, 사회에 대한 건설적 노력 등의 일련의 노력이 필요하다. 또한 '장애'를 가진 사람들은 만족해야 할 삶의 질을 위해서 그렇지 않은 사람보다 더 큰 어려움를 안고 있다고 하였다.

QOL을 牛田美織・日下和代(2004)와 國方弘子・中嶋和夫(2003)는 자존심이나 자기효능감에 영향을 주는 것이라 하였으며, 田崎美弥子・中根允文(2001)은 WHO가 규정하고 있는 "한 개인이 생활하는 문화나 가치관에서 목표나 기대, 기준, 관심에 관련된 자기 자신의 삶의 상황에 대한 인식"이라고 정의하였다.

장애인의 QOL과 관련을 갖고 있는 요인들로는 성별, 연령, 교육정도, 직업, 수입, 결혼상태, 종교, 인종, 건강상태, 자아존중감, 우울, 정서상태, 사회활동, 사교・레저활동, 가족과의 관계, 친구 및 직장 동료와의 관계와 지지적 태도, 이웃과의 관계와 지지적 태도, 사회적 시각, 사회적 지지, 지지모임, 프로그램 및 치료환경 등 많은 요인들이 있다(오혜경, 백은령, 2003: 164).

따라서 뇌성마비장애인의 QOL도 뇌성마비장애인의 장애유형과 특성, 사회적 맥락 속에서 이해가 되어야 하며, 뇌성마비장애인의 니즈(needs)에 맞는 정책의 모색이 필요하다.

뇌성마비장애인은 발달장애인과 더불어 일상생활 및 돌봄, 직업 영역에서 매우 큰 중증의 장애를 갖고 있으며, 이들의 경우 대부분 조기발견은 일찍 이루어지지만 일생동안 일상생활과 교육 및 취업, 건강 등의 문제로 인하여 생애주기별로 지원 필요성을 제기하고 있다. 최근 이와 관련하여 유사한 과정으로 장애가 발생하는 발달장애인의 경우 발달장애인법에 의하여 개인별 지원 서비스를 받게 되었다. 그러나 뇌성마비장애인의 다수가 지적장애를 동반하거나 언어 등 발달과정의 지체 과정에 있음에도 발달장애인법률 안에서 주요 서비스 대상으로 포함되지 못했다(초의수, 2016: 3). 이러한 현실에 비추어 볼 때 뇌성마비장애인에 대한 QOL에 대한 연구를 통하여 보다 실질적이고 효과적인 지원방안에 대한 모색이 필요하다.

그러나 뇌성마비장애인의 QOL과 관련된 연구는 많이 이루어지지 않고 있으며, 주로 아동과 보호자를 대상으로 이루어지고 있다. 뇌성마비아동에 대한 연구도 아동과 더불어 뇌성마비아동을 돌보는 부모를 대상으로 한 연구(이지원 · 어용숙 · 김영혜, 2005; 권미지, 2009; 이예슬 · 오덕원, 2017 등)가 많으며, 아동을 대상으로 한 연구로는 학령기아동의 QOL을 다룬 연구(이병희 · 송창호 · 김남조 · 백지영, 2007; 이재원 · 정은정 · 이병희, 2013)가 많다.

뇌성마비 성인을 대상으로 한 QOL에 관한 연구로는 김현우 · 김대원(2013), 정일교(2015a, 2015b, 2017), 유정완 · 김선화 · 이소은(2016), 유정완 · 김규태 · 김아람 · 최승욱(2017) 등이 있다.

김현우 · 김대원(2013)은 성인 뇌성마비장애인의 자기효능감, 동거형태, 우울감, 주관적 건강상태가 QOL에 미치는 영향에 대한 분석에서 자기효능감, 주관적 건강상태, 우울감, 동거형태의 순으로 QOL에 유의미한 영향을 미친다고 하였다. 정일교(2015a)는 뇌성마비장애인의 사회적 지지 중 친구 · 주변의 지지가 QOL에 중요한 영향을 미치지만 자아존중감도 중요한 변수라고 검증하고 있다. 구체적으로는 친구 · 주변의 지지가 높을수록, 장애등급이 경증일수록, 취업자일수록, 자아존중감이 높을수록 QOL이 높다고 분석하였다. 또한 정일교(2015b)는 여가문화활동을 많이 할수록 QOL이 높게 나타났으며, 영향력의 크기는 대중매체, 취미관련, 여행관련의 순이라고 하였다. 나아가 정일교(2017)는 뇌성마비장애인의 QOL에 영향을 미치는 생태체계변인분석에서 사회적 인식은 간접적으로, 자아존중감은 직접적으로, 가족지지와 여가문화는 간접적으로도 직접적으로도 QOL에 영향을 미치며, 이 중 여가문화가 QOL에 가장 큰 영향을 미친다고 검증하였다.

유정완 · 김선화 · 이소은(2016)은 성인 뇌성마비의 기능적 움직임과 활동제한수준,

보행 기능 능력과 복지관 이용, 운동습관이 QOL에 미치는 영향에 대한 연구에서 기능적 움직임과 활동제한수준, 보행 기능 능력 대부분이 QOL에 영향을 미치며, 복지관 이용은 운동습관에 비하여 건강관련 QOL에 큰 영향을 미치지는 않지만 복지관 이용은 건강에 긍정적 영향을 미친다고 하였다.

유정완 · 김규태 · 김아람 · 최승욱(2017)은 뇌성마비의 신체능력과 운동능력에 QOL이 영향을 미친다는 전제하에 관절가동범위 중 상체보다는 하체가, 건강관련 QOL에서는 신체적 건강보다는 정신적 건강이 더 QOL에 영향을 미친다고 검증하였다.

02 연구의 목적과 구성

1. 연구의 목적

뇌성마비장애인은 대부분 중복장애를 가지고 발생원인, 발생과정, 개인적 사회적 상황에 따라 다양한 삶을 살아간다. 당연히 장애의 유형과 정도에 따라 뇌성마비장애인의 QOL의 차이가 있음에도 불구하여, 뇌병변장애인에 통합 분류되어 뇌성마비장애인만 초점을 둔 현황파악, 연구는 거의 이루어지지 않고 있다.

뇌성마비 장애는 영유아 초기에 비교적 쉽게 진단이 가능하며, 뇌 손상의 위치에 따라 신체발달, 근육경련, 지적장애, 언어장애, 학습장애, 시력장애, 청력장애 등을 동반하여 이후 뇌성마비장애인의 QOL에 많은 영향을 미치게 된다.

QOL은 그 사회구성원들의 가치관과 관습, 사회의 경제 정치, 문화, 복지 등의 사회적 환경과 그러한 사회 환경 속에서 느끼는 개인의 가치관과 신념, 건강상태, 정신상태, 생활방식, 생활주기, 영적 영역 등에 따라 다양하게 결정되는 상대적 개념이다. 따라서 뇌성마비장애인의 QOL에 대하여 이해하기 위해서는 뇌성마비장애인들이 느끼고 있는 사회 환경에 대한 인식과 뇌성마비장애인들이 일상생활 속에서 느끼는

QOL에 대한 이해가 필요하다. 뇌성마비장애인이 느끼는 QOL에 대한 분석이 이루어질 때 뇌성마비장애인의 QOL을 향상시키기 위한 올바른 방향의 제도적 지원의 모색이 가능하기 때문이다.

본 연구는 선행연구에서 QOL에 영향을 미치는 주요 요인들로 밝혀진 생태학적 관점, 사회적 지지, 자아존중감, 사회적 인식, 여가문화활동, 영성의 영향관계를 분석하고자 한다. 나아가 뇌성마비장애인의 QOL에 중요한 영향을 미치는 여가문화활동의 증대를 위한 실천적 방안의 모색으로 장애인권리협약에 기초한 사회모델, 인권모델에 대하여 살펴보고자 한다. 끝으로 장애인의 사회참여를 실현하기 위해 사회를 변화하는 행동을 추구하는 일본의 장애평등연수의 사례를 살펴보고, 여가문화활동의 시사점을 찾고자 한다.

사회적 지지는 가족, 친구, 이웃, 동료, 상사 등에 의해 제공되는 여러 형태의 도움과 원조로, 개인이 필요할 때 도움이나 감정이입을 받을 수 있는 믿음과 유용한 지지를 받는 것으로(김윤정 · 이상진, 2017), 대인관계 및 생활사건에서 부정적 결과를 완화하고, 긍정적인 방향으로 작용하는 역할(김지현, 2017)을 하여, QOL을 향상시키는 주요요인 중의 하나이다(Butler & Ciarrochi, 2007).

생태체계적 관점은 인간과 환경 간의 상호작용을 강조하는 관점으로, QOL에 대한 이해는 개인이 속한 체계와 그 체계 사이의 상호작용이 우리의 다양한 환경과 어떻게 관계를 맺을 것인가에 대한 전인적 접근이 필요하다. 생태체계는 학자마다 조금씩 상이하게 분류하고 있으며, Compton and Gallaway(1999)는 개인이 처한 개별상황, 미시수준(micro level), 중간수준(mezzo level), 거시수준(macro level) 환경 등으로 나누고 있다.

자아존중감은 자기 자신에 대하여 어떻게 생각하는 지와 관련된 개념으로, 개인이 자신을 능력 있고, 의미 있으며, 성공적이라고 믿는 정도, 자신에 대한 긍정, 부정적 태도이다(정승원, 2014). 자아존중감은 생득적인 것이 아니라 성장하는 과정에서 자신에게 중요한 타인, 즉 부모, 교사, 또래, 자기를 둘러싼 외부의 세계와 상호작용에서 발달하며, 인간의 삶에 중요한 영향을 미친다(김윤혜, 2001).

사회적 인식은 공동생활의 조직화된 집단 속에서 어느 대상, 즉 사람이나 사물에 대해 감성적인 분별력으로 다른 대상과의 비교, 구별 등을 통해 사물의 본질을 인식하는 것으로, 김계하(2007), Bjomskov, Dreher, and Fischer(2007), 남희은(2015)의 연구에서 사회적 차별인식이 장애인의 QOL에 영향을 미친다고 하였다.

여가는 개인이 가정・노동 및 기타 사회적 의무에서 벗어나 편안한 상태에서 휴식, 기분전환, 자기개발 및 사회적 성취를 위하여 적극적으로 활동하는 시간으로(김광득, 2001), 건전한 여가문화활동은 궁극적으로 QOL 향상을 통한 행복 추구를 지향할 뿐만 아니라 신체적 여가문화활동에 참여하는 개인에게 자유와 기쁨을 준다(김재운, 2003).

장애인에게 여가문화는 일반적 여가문화의 의미 이외에 장애극복과 사회적응을 통하여 사회구성원으로 살아 갈 수 있는 기회를 제공한다. 즉 장애인의 다양한 문화활동에 대한 참여기회 확대는 여가기능의 향상을 통하여 가능하다. 이를 통하여 심리적, 정신적으로 풍요로운 삶을 살 수 있게 한다(박현일・박원희, 2015).

영성은 인간존재와 그 문화의 보편적 특질로써 의미, 목적, 도덕성, 초월, 웰빙의 탐구와 자기자신・다른 사람・궁극적 실제와의 심오한 관계를 탐구하는 것과 관련 특성을 의미한다(エドワード・R・カンダレオラ・ディッド・ファーマン, 2010/2014:5). 이러한 영성은 심리, 사회적 측면과 함께 인간의 전체성을 구성하는 중요한 요소로(Sperry, 2003)로, Howden(1992), 장영림(2013), 이창진(2013) 등의 연구에 의하면 현재를 초월할 수 있는 힘, 타인과 환경과의 관계, 삶의 의미와 목표, 어려움을 극복하는 내적 강인한 힘 등으로 구성된다. 많은 선행연구들은 인간발달의 관점에서 영성은 삶에 대한 만족도를 높여주고 부정적인 어려움들을 극복하는 힘이 되기 때문에 대부분 사람들의 QOL에 중요한 영향을 미친다고 분석하고 있다(Margaret Holloway & Bernard Moss, 2010/2014, Saleem & Khan, 2015 등).

또한 실질적으로 뇌성마비장애인의 활발한 여가문화활동 참여를 위해서는 장애인의 여가문화활동이 보편적 권리로 인정되는 장애인권리협약의 실현이 필요하다. 여가문화활동 참여의 배제는 장애인권리협약에서 「장애를 이유로 하는 차별」의 규정(제2조)에 해당하며, 이러한 사회적 차별을 없애는 것이 뇌성마비장애인의 QOL의 향상에 기여할 것이다.

사회모델은 장애를 개인의 기능적 측면보다는 주로 사회에 의해서 형성된 사회문제로 바라보며, 장애인의 완전한 참여를 위한 환경의 변화를 사회전체 공동의 책임으로 바라본다. 사회모델의 한계를 보완하여 발전된 인권모델은 인간고유의 존엄성을 중시하며 장애의 개별성을 인정하고 인권원칙에 입각하여 장애인의 권리실현을 위한 사회책임을 강조한다. 이러한 사회모델과 인권모델의 이념 실현은 뇌성마비장애인의 QOL에 긍정적인 영향을 미칠 뿐만 아니라 여가문화활동의 증대를 위해서도 반드시 필요한 관점이다

이러한 사회모델과 인권모델의 현실적 실천방법의 하나가 일본에서 시행되고 있는 장애평등연수이다. 장애평등연수의 목표는 장애인은 물론 비장애인도 장애인의 사회참여를 인권차원에서 보장하고 사회환경 변화를 위해 행동을 하는 것, 사회적 배제와 차별이 일어나지 않도록 사회를 변혁시켜나가기 위한 행동만들기이다. 이러한 하나하나의 행동은 뇌성마비 장애인의 여가문화활동을 활발하게 만들어, 뇌성마비장애인의 QOL에 커다란 영향을 미칠 것이다.

2. 연구의 구성

본 연구는 뇌성마비장애인의 QOL을 이해하기 위하여 다음과 같이 연구를 진행하였다.

제1장에서는 뇌성마비장애인의 개념과 QOL에 대하여 살펴보고, 본 연구의 목적과 의의에 대하여 밝히고, 본 연구의 구성, 연구의 대상, 연구의 배경에 대하여 기술하였다.

제2장에서는 뇌성마비장애인의 QOL에 대하여 인간과 환경 간의 통합적 관점에서 이해하기 위하여 뇌성마비장애인의 QOL에 영향을 미치는 생태체계변인분석을 하였

다. 생태체계변인은 학자마다 조금 상이하지만 Compton and Gallaway에 기초하였으며, 각각의 하위변수체계에 대해서는 선행연구에서 가장 많이 활용되고 있는 변수로 개인체계로는 자아존중감을, 미시체계로는 가족지지, 중간체계로는 여가문화, 거시체계로는 사회적 인식을 선정하였다. 선행연구를 통하여 각 변수의 인과관계를 검증한 후 연구모델과 가설을 설정하였다. 가설검증을 위한 분석으로는 구조방정식모델을 분석방법으로 활용하였다.

제3장에서는 선행연구에서 장애인의 QOL에 중요한 영향을 미치는 것으로 검증된 자아존중감과 사회적 지지와 QOL에 대한 영향관계를 검증하였다. 영향관계의 검증을 위해서는 Baron & Kenny방식에 따라 위계적 회귀분석을 실시하였으며, 자아존중감의 매개효과를 검증하기 위하여 Sobel-test를 실시하였다. 제2장에서는 사회적 지지 중 가족지지가 QOL에 미치는 영향에 대하여 검증하였고 제3장에서는 사회적 지지 중 친구・주변지지가 QOL에 미치는 영향에 있어 자아존중감의 매개효과를 검증하였으며, 뇌성마비장애인의 QOL을 높이기 위해서는 친구・주변지지도 중요하지만 자아존중감도 중요한 변수임을 검증하였다.

제4장에서는 뇌성마비장애인의 QOL에 중요한 영향을 미치는 사회적 환경과 관련된 변수로 사회적 인식과 여가문화활동의 영향관계에 대하여 검증하였다. 선행연구의 검토를 통하여 사회적 인식과 QOL의 관계, 여가문화활동과 QOL의 관계에 대한 검증 이후 연구모델과 가설을 세우고, 가설의 검증을 위하여 위계적 회귀분석을 실시하였다. 여가문화활동의 하위변수로는 대중매체관련, 운동관련, 취미관련, 외식관련, 시민단체활동 관련으로 설정하여 검토하였다.

제5장에서는 제4장에서 여가문화활동을 많이 할수록 뇌성마비장애인의 QOL이 높다는 연구결과에 기초하여 뇌성마비장애인에게 여가문화활동이 어떠한 의미인가?, 여가문화활동 참여 후 그들의 삶이 어떻게 변화되었는가?, 'QOL을 향상시키기 위해서는 여가문화활동과 관련하여 어떠한 지원이 필요한가?'에 대한 맥락을 알고자 질적 연구를 실시하였다. 조사대상은 장애인자립지원센터를 이용하는 뇌성마비장애인들을

대상으로 하였으며, 뇌성마비장애인의 선정은 오랜 기간 동안 장애인자립지원센터를 운영하여 왔던 센터장과 실무자로부터 연구주제에 대하여 풍부한 자료를 제공해 줄 수 있는 뇌성마비장애인을 추천받는 세평적 사례표집(reputational case sampling)방법을 사용하였다. 질적 연구로는 G1aser & Strauss(1967)가 제시한 지속적 비교(constant comparaision)방법을 사용하였다.

제6장에서는 선행연구를 통해 뇌성마비장애인의 영성과 사회적 지지, QOL에 대한 인과관계를 확인하고 세 변수간의 상관관계를 바탕으로 가설과 연구모델을 설정하였다. 가설 검증을 위하여 Baron & Kenny(1986: 1173-1182)의 방식에 따라 위계적 회귀분석을 실시하였으며, 사회적 지지의 매개효과를 검증하기 위하여 Sobel-test를 실시하였다.

조사대상으로는 전국의 17개 광역자치단체(서울, 경기, 대전, 충북, 강원, 전남, 대구, 부산, 경북, 경남 전남)의 장애인종합복지관과 장애인자립생활센터를 이용하는 뇌성마비장애인을 연구대상으로 하였다.

보론에서는 뇌성마비장애인의 QOL과 관련해 중요한 변인인 여가문화활동 등 사회참여를 활성화하기 위해 필요한 이념과 실천사례로 일본의 장애인권리협약, 사회모델, 인권모델, 장애평등연수 등을 검토하고 한국에서의 시사와 대안을 모색하고자 하였다.

종장에서는 지금까지의 연구내용을 요약하고, 본 연구의 결론인 뇌성마비장애인의 QOL을 높이기 위한 방안 중의 하나로, 장애인권리협약에 기반한 실천으로 장애인평등연수를 제언하였다. 즉, 뇌성마비장애인의 여가문화활동을 장애인의 권리로 인정하고 사회환경의 개선과 합리적인 편의제공를 강조하는 장애평등연수과 같은 실천적 행동만들기를 제언하였다.

본 연구의 전체구성 관계를 정리하면 **[그림 2-1]**과 같다.

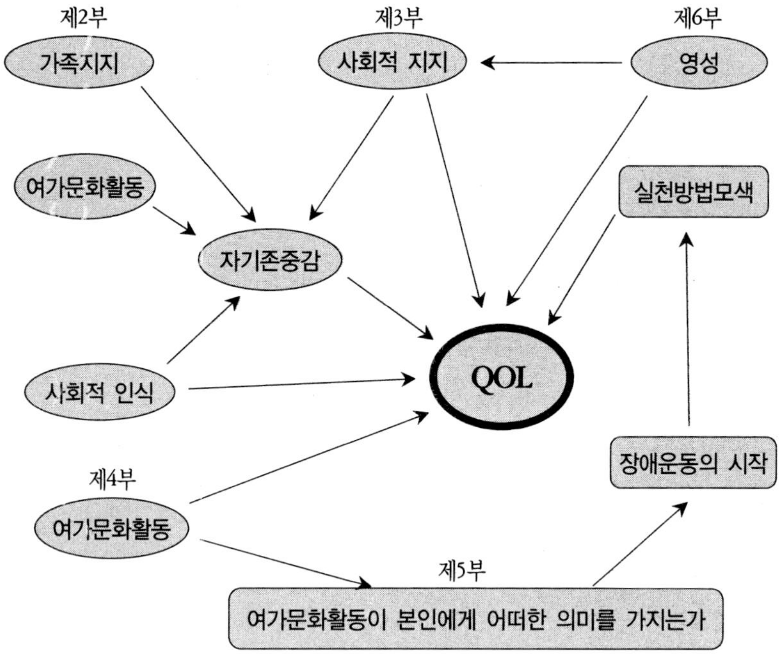

[그림 2-1] 연구내용의 관계도

3. 연구의 대상

1) 자료수집 대상

본 연구는 전국의 17개 광역자치단체(서울, 부산, 대구, 대전, 경기, 강원, 충북, 전남, 경북, 경남)의 장애인종합복지관과 장애인자립생활센터를 이용하는 뇌성마비장애인을 연구대상으로 하였다. 장애인복지관과 자립생활지원센터 대상자 선정은 각 기관의 기관장과 사무국장에게 부탁해 모든 답신을 받을 수 있도록 했으며 설문에 응한 중증 장애인은 활동지원사의 도움을 받아 실시하였다.

예비조사를 실시한 뒤 수정・보완해 설문조사를 진행하였다. 설문조사는 2015년 2월 1일부터 3월 31일까지 실시하였으며, 직접방문 및 전화연락을 통해 협조를 구한 후 우편조사를 통하여 이루어졌다. 전체 배부된 설문지 350부 중 330부가 회수되었고, 응답이 충분하지 않은 설문지 6부를 제외한 324부를 대상으로 하였다.

2) 연구대상자의 인구사회학적 특성

조사대상자의 인구사회적 특성을 정리하면 <표 1-1>과 같다. 성별로는 남성이 205명(63.3%)으로 여성 119명(36.7%) 보다 많게 나타났다. 학력은 고졸이 가장 많아 156명(48.1%)이며, 다음으로 전문대졸과 대졸이상, 중졸이 10%대로 대졸이상이 42명(13.0%), 전문대졸 41명(12.7%), 중졸(10.2%) 순으로 나타났다. 연령은 20세 이상 39세 미만이 209명(64.5%)로 가장 많았으며, 다음으로 40세 이상 59세미만이 90명(27.8%)으로 많으며 나머지는 10%이하이다.

장애등급은 1급이 가장 많아 193명(59.6%)이며, 다음으로 2급이 75명(23.1%), 3급 42명(13.0%)의 순으로 나타났다. 장애형태로는 경직형이 가장 많아 148명(45.7%)이며, 다음으로 무정위운동형 59명(18.2%), 운동실조형 34명(10.5%)이며, 나머지는 3% 이하이다. 국민기초생활수급자의 유무는 수급자가 아닌 경우가 168명(51.6%)으로 수급자인 경우 156명(48.1%)보다 많았다.

월평균수입에서는 50만원 미만이 178명(54.9%)으로 과반수이상을 차지하고 있으며, 다음으로 50만원에서 99만원이 78명(24.1%), 100만원에서 149만원이 32명(9.91%)의 순으로 나타났다. 동거상태에서는 부모와 함께 동거하는 경우가 가장 많아 162명(50.0%)이며, 다음으로 혼자 85명(26.2%), 배우자와 함께 39명(12.0%)의 순으로 나타났다.

혼인상태에서는 미혼이 267명(82.4%)으로 가장 많으며, 다음으로 유배우 45명(13,9%)의 순이며 이혼과 사별은 각각 6명(1.9%)이다. 취업상태에서는 취업불가능이 102명(31.5%)으로 가장 많았으며, 다음으로 전일제(주20시간이하)가 78명(24.1%), 구직 중 55명(17.0%), 구직의사 없음이 43명(31.5%)의 순으로 나타났다. 직업형태에서는 무직이 가장 많아 178명(54.9%)이며, 장애인작업장/근로시설이 90명(27.8%), 일반직장 31명(9.6%)의 순이다.

〈표 1-1〉 조사대상자의 인구사회적 특성

변수	항목	빈도(명)	비율(%)	변수	항목	빈도(명)	비율(%)
성별	남성	205	63.3	월 평균 수입	50만미만	178	54.9
	여성	119	36.7		50-99만원	78	24.1
학력	무학	25	7.7		100-149만원	32	9.9
	초졸	27	8.3		150-199만원	16	4.9
	중졸	33	10.2		200만원이상	20	6.2
	고졸	156	48.1	동거 상태	혼자	85	26.2
	전문대졸	41	12.7		부모와 함께	162	50.0
	대졸 이상	42	13.0		배우자와 함께	39	12.0
연령	19세 미만	16	4.9		형제	14	4.3
	20세이상-39세미만	209	64.5		자녀와 함께	5	1.5
	40세이상-59세미만	90	27.8		기타	19	5.9
	60세이상	9	2.8	혼인 상태	미혼	267	82.4
장애 등급	1급	193	59.6		유배우	45	13.9
	2급	75	23.1		이혼	6	1.9
	3급	42	13.0		사별	6	1.9
	4급	6	1.9	취업 상태	전일제(주20시간이상)	78	24.1
	5급 이상	8	2.5		시간제(주20시간이하)	46	14.2
장애 형태	경직형	148	45.7		구직중	55	17.0
	무정위운동형	59	18.2		구직의사 없음	43	13.3
	운동실조형	34	10.5		취업불가능	102	31.5
	혼합형	1	25.3	직업 형태	일반직장	31	9.6
기초 생활 수급	예	156	48.1		자영업	8	2.5
					장애인작업장/근로시설	90	27.8
	아니오	168	51.9		무직	178	54.9
					장애인일자리	17	5.2

03 연구의 배경

한국에서 2019년은 장애인 권리보장의 새로운 장이 펼쳐지는 해라고 할 수 있다. 2019년 7월 1일부터 장애등급의 폐지를 단계적으로 시행하기 때문이다. 장애등급이 기존의 6등급에서 2등급으로 즉, 장애정도가 심한 정도와 심하지 않은 정도로 구분되는 것이다. 이는 장애를 의학적 기준에 의한 판단하는 것이 아니라 개인의 욕구와 환경적 조건을 기준으로 판단하는 것이며, 장애인에게 필요한 서비스를 개인적 욕구에 적합한 수준에서 제공해야 한다는 장애인의 정당한 요구가 수용되어지는 의미를 가지고 있다. 물론 장애등급의 단계적 폐지가 장애인의 모든 문제가 해결되어 지는 것을 의미하는 것은 아니다.

한편, 장애인의 권리를 보장하기 위한 제도적 변화도 꾸준히 이루어지고 있으며, 장애인복지의 내용은 더욱 구체화되고 있다. 제1차 장애인복지발전 5개년 계획(1998~2002) 중에는 장애인의 완전한 사회참여와 평등보장을 이루기 위해 「장애인인권헌장」이 선포되었고, 「장애인복지법」이 전면 개정되었으며, 1997년에는 「장애인・노인・임산부 등의 편의증진보장에 관한 법률」이 제정되었다.

제2차 장애인복지발전 5개년 계획(2003~2007) 시행을 통해 법적으로 장애범주가 확대되었으며, 활동보조서비스제도가 도입되었다(한국장애인개발원, 2017: 24). 2007년에는 장애인의 인권을 보장하기 위한 인권법으로서의 「장애인차별금지 및 권리구제에 관한 법(장애인차별금지법)」이 제정되어 장애인에 대한 합리적인 편의제공을 의무화하였다.

제3차 장애인복지발전 5개년 계획(2008~2012) 시행을 통해 중증장애인의 소득보장 지원을 위한 장애인연금 제도가 도입되었고, 중증장애인 자립생활 지원 및 가족수발자 부양부담 경감을 위한 장애인활동지원제도가 도입되었다. 또한 문화바우처 사업의 지속적 확대를 통한 문화예술 향유 기회 확대, 장애인 생활체육 사업에 대한 지원이 강화되었다(한국장애인개발원, 2017: 25). 문화바우처 사업은 공연·전시 무료관람 지원을 통해 기초생활수급자 및 차상위계층의 지원을 확대하고 있으며, 14개 문화시설에 대해 장애인편의시설 설치를 지원하였다. 방송수신 보조기기를 보급하고, 장애인방송 제작지원 대상을 확대하여 장애인의 방송접근권을 강화하고 있다. 2008년 12월에 유엔장애인권리협약을 국회에서 비준하였다.

제4차 장애인정책종합계획(2013~2017)에서는 복지, 교육, 문화, 경제활동 등 사회 전 영역에 걸쳐 장애인정책 추진을 목표로 복지·건강, 교육·문화, 경제활동, 사회참여 및 권익증진 4대 분야, 19대 중점과제, 71개 세부과제를 제시하며, 장애인 삶에서의 권익증진 및 자립생활 기반을 구축함으로써 실질적인 사회통합과 권리실현의 전기를 마련한다는 방향을 세우고 있다(한국장애인개발원, 2017: 26).

2014년 10월 3일 유엔장애인권리위원회(Committee on the Rights of Persons with Disabilities)는 유엔장애인권리협약(UN CRPD: UN Convention on the Rights of Persons with Disabilities) 이행상황에 대한 한국의 1차 국가보고서(Initial Report)를 심의하고, 이에 대한 최종 견해(Concluding observations)를 공개했다. 유엔장애인권리위원회는 장애인복지법의 장애판정과 장애등급 시스템이 의료적 모델에 기초해 장애인이 서비스를 받는 데 자격을 제한하는 문제가 있으며, 장애인차별금지법의 실효적 이행에도 문제가 있다고 지적했다.

또한, 대중교통과 공공건물에 대한 장애인 접근성도 제한적이라고 지적했으며, 2018년 시행된 성년후견제가 당사자의 자율성에 반해 후견인이 의사결정을 대리하게 될 우려가 있다고도 밝혔다. 이외에도 위원회는 총 66개 항에 걸친 권고문을 통해, 장애인권리협약 선택의정서를 채택할 것, 장애여성을 위한 전문적 정책 강화할 것, 장애인에 대한 인식 제고를 위한 캠페인 강화할 것, 자연재해 및 재난에서의 장애인 안전 미비, 장애인의 사법 접근권 미비와 사법부 구성원의 인식 부재를 해소할 것, 장애여성의 강제 불임에 대한 조사를 실시할 것, 수어를 공식 언어로 인정할 것, 발달 장애인의 보험가입을 거부할 수 있는 상법 732조를 폐지할 것, 장애인의 높은 실업률을 해결하고 최저임금을 보장할 것 등을 지적했다(보건복지부, 2019 유엔장애인권리협약 제2·3차 병합 국가보고서).

제5차 장애인복지정책발전 5개년 계획(2018~2020)에서 '장애인의 자립생활이 이루어지는 포용사회'를 비전으로 복지·건강, 교육·문화·체육, 경제적 자립기반, 권익 및 안전 증진, 사회참여 등의 5대 분야의 계획을 수립하였다. 이중 여가문화활동 관련된 주요 지원제도를 보면 장애인의 사회적 활동을 지원하기 위해 통합문화이용권 지원을 7만원에서 10만원으로 늘리고, 장애인이 불편함이나 활동의 제약 없이 이용할 수 있는 '열린 관광지' 100개소를 2022년까지 조성할 계획을 추진하고 있으며, 권역별 장애인국민체육센터 설치 등을 통해 장애인들이 집에서 최대한 가까운 곳에서 생활체육을 즐길 수 있도록 환경을 조성할 예정이다. 장애인의 당연한 권리를 보장하고 안전한 일상생활을 보장하기 위하여 장애인에 대한 국민들의 인식개선을 위한 중장기 로드맵을 마련하고, 중앙 및 시·도 '장애인권익옹호기관'을 통해 장애인 학대와 차별문제에 체계적으로 대응할 계획이다. 또한 장애인이 모바일 앱, 소프트웨어, 정보통신 융합 제품에도 쉽게 접근할 수 있도록 지원하며, 화면낭독 소프트웨어, 특수 마우스 등 정보통신 보조기기를 매년 4천명에게 지원할 계획이다. 또 공공기관 건축물에 의무적으로 적용 되는 장애물 없는 생활환경(BF: Barrier free)인증을 민간 건축물에도 단계적으로 확대할 계획이다. 2017년 현재 19%에 불과한 저상버스 보급률을 2021년 까지 42%로 확대하고, 휠체어 장애인이 탑승 가능한 고속・시외버스 모델을 개발・도입하며, 철도・공항・버스 등 여객시설에 휠체어 승강기 등의 이동 편의시설을 대폭 확충하고 장애인의 보행환경을 개선하는 등 장애인 이동권 보장을 강화할 계획이다.

그러나 이러한 여가문화활동과 관련하여 많은 제도들이 발전하고 있음에도 불구하고 아직까지 장애인의 권리는 종종 무시당하거나 거부되고 있다. 장애인에게 권리로써 여가문화활동을 보장받기에는 여전히 불충분한 상황이다. 장애인활동지원제도 등이 시행되고 있지만 일상생활동작이나 수단적 일상생활동작에 필요한 지원은 여전히 적잖은 한계를 가지고 있다. 무장애 환경의 개념이 등장하지만 대중교통을 비롯한 장애인의 이동권 확보는 아직 해결하지 못한 난제이다. 국제사회에서 통용되는 장애 개념이 신체적 구조와 기능의 손상이 아니라 환경요인에 의한 것임을 오래 전에 밝히고 있음에도 불구하고 인권차원에서 보장되어야 함에도 법과 제도의 지원에서 배제되고 있다.

본 연구의 주요대상인 뇌성마비장애인의 경우는 아직 한국에서는 2003년 장애인복지법이 개정되기 이전에는 지체장애안에 통합되어 분류되고 있었으며, 현재에도 뇌병변 장애의 하나로 분류되어 다루어지고 있어 공식적 통계도 뇌성마비장애인에 대한 연구는 거의 이루어지지 않고 있으며, 뇌성마비장애인의 QOL은 물론 여가문화활동에 대한 연구가 이루어지 않고 있다.

일본의 뇌성마비장애인들은 한국에 비하여 개호인[1)]이나 자원봉사자들의 도움을 받아 여가문화활동을 비교적 활발하게 하고 있다. 이러한 것은 1970년대에 장애인단체 아오이시바(靑の芝) 를 중심으로 활발하게 진행된 장애인들의 자립운동의 영향을 미쳤다고 할 수 있다. 아오이시바에서는 생활의 장으로 공동체를 마련하여 부모로부터 자립생활을 할 수 있도록 하였다. 이들은 부모들로부터의 송금, 생활보호의 이용,

---

1) 개호인: 한국의 활동지원사의 역할을 수행하고 있음.

모금을 하며 최저한도의 생활을 유지하였다. 초기 아오이시바의 자립생활운동은 소득보장의 확립, 주거의 확보, 행동자유의 확보가 중심이 되어 전개되었다(立岩眞也, 1995:190). 그리고 소득보장을 위해서도 연금제도의 확립을 제1의 목표로 활동하였다. 일시적인 곤궁에 대해서 지급되는 생활보호, 특히 지급을 요구할 때 받는 굴욕감을 여러 번 경험한 장애인들은 연금에 의한 보장을 요구하였다. 그러면서도 케어 보장을 위한 요구는 자율성의 상실이라는 생각에 하지 않은 것이 특징이라 할 수 있다. 이렇듯 1970년대의 자립생활운동은 지역에서의 생활스타일의 모색과 함께 연금 등의 소득보장요구 등 행정에 대한 요구형의 운동으로 발전하였다.(全國自立生活センター協議會, 1996:30).

본 연구의 대상자인 자립생활지원센터를 이용하는 장애인의 대부분은 뇌성마비장애인들이며, 이들은 여가문화활동에 대한 관심과 욕구는 높으며, 여가문화활동의 기회와 보장을 위해 노력하려는 움직임이 일어나고 있다. 따라서 본 연구는 뇌성마비장애인들의 여가문화활동 기회의 확장과 권리를 보장하기 위한 기초자료를 모색하고자 한다.

02

뇌성마비장애인의 생태체계변인과 QOL

뇌성마비장애인의 생태체계변인과 QOL

1. 뇌성마비장애인의 생태체계변인과 QOL

뇌성마비장애인에 대한 이해는 뇌성마비장애인의 삶의 전 영역과 관련하여 사정하는 '전인적 접근'이 필요하다. 즉, 각 개인이 처해 있는 특별한 상황인 개인과 가족의 사회적, 경제적, 정치적 측면과 관련된 전인적인 접근이 필요하다. 생태체계적 관점은 인간과 환경 간의 상호작용을 강조하는 관점으로 사회복지 실천분야에서 영향력 있고 포괄적 시각으로(김동배 · 이희연, 2003), 개인이 속한 체계와 그 체계 사이의 상호작용이 우리의 다양한 환경과 어떻게 관계를 맺을 것인가에 대한 전인적 접근을 가능하게 한다. 따라서 장애인의 QOL에 대한 전인적 이해를 위해서는 생태체계적 관점과 관련된 연구가 필요하다.

그러나 생태체계적 관점에서의 연구는 사회복지의 다양한 분야와 대상을 중심으로 활발하게 이루어지고 있으나 뇌성마비장애인의 QOL을 대상으로 한 연구는 거의 이루어지지 않고 있다. 즉, 뇌성마비장애인의 생태체계와 QOL에 관련된 연구는 없으며, 뇌병변장애인의 생태체계와 QOL을 다룬 안혜영(2012)의 연구가 있을 뿐이다. 안혜영(2012)은 뇌졸중, 뇌성마비, 외상성 뇌손상, 파킨스병을 포괄한 뇌병변장애인의 생태체계를 개인적, 환경적, 사회적, 기타 인구학적 요인으로 나누어 뇌병변장애인의 QOL에 관하여 분석하고 있다.

요컨대, 뇌성마비장애인에 대한 선행연구의 검토결과, 뇌성마비장애인만을 대상으로 한 생태체계와 QOL과 관련한 연구는 없으며, 뇌성마비장애인의 QOL을 다룬 연구들도 인간의 전체성에 대한 포괄적인 측면을 다루지 않은 연구가 대부분이다.

뇌성마비장애인의 QOL과 생태체계변인 관련 연구로는 뇌병변환자의 생태체계적 요인이 QOL에 미치는 영향에 대하여 연구한 안혜영(2012)의 연구 이외에는 거의 이루어지지 않고 있다. 안혜영(2012)은 뇌병변장애인을 대상으로 생태체계적 요인으로 QOL에 영향을 주는 8개의 요인을 분석한 결과 일상생활동작 수행능력과 자아존중감, 우울의 요인만이 뇌병변환자의 QOL에 영향을 미치고, 나머지 재활의지, 여가생활, 가족 및 가족지지, 의료재활종사자의 지지 등은 의미있는 영향을 미치지 않는 것으로 나타났다고 하였다.

뇌성마비장애인을 대상으로 한 연구가 거의 없으므로 다른 장애유형을 가진 장애인의 QOL과 생태체계변인을 다룬 연구를 검토하면 정신장애인을 대상으로 한 이선영(2004), 뇌졸중 장애인을 대상으로 한 최영상(2009)의 연구가 있으며, 노인, 아동, 다문화분야 등에 비하여 QOL과 생태체계변인의 상관관계를 다룬 연구는 부족하였다. 이선영(2004)은 정신장애인의 개인체계에서는 자아존중감, 정신과적 증상, 취업여부, 미시체계에서는 가족기능, 친구관계, 중간체계에서는 기관분위기, 일반주의실천중심서비스, 거시체계에서는 사회적 낙인감, 사회적 지지가 QOL과 관계가 있는 것으로 나타났다고 분석하였다. 최영상(2009)은 뇌졸중장애인의 개인체계에서는 일상생활동작 수행정도, 자기효능감, 미시체계에서는 가족, 친구, 주변 사람의 지지, 중간체계에서는 장애인복지시책 및 재활프로그램, 문화적 환경인 여가문화활동, 물리적 환경인 접근환경, 거시체계에서는 사회적 낙인감이 QOL에 정적 영향을 미친다고 분석하였다. 이러한 선행연구의 결과 본 연구의 뇌성마비장애인의 생태체계변인이 QOL에 미치는 상관관계에 대하여 예측할 수 있다.

이하에서는 지금까지의 선행연구 검토결과를 반영하여 아직까지 연구가 이루어지지 않고 있는 뇌성마비장애인의 QOL에 영향을 미치는 생태체계변인의 영향관계를 밝힘으로써 전인적 관점에서 뇌성마비장애인의 QOL 향상을 위한 방안모색에 기여하고자 한다.

본 연구는 뇌성마비장애만을 대상으로 분석하였으며, 생태체계도 개인체계, 미시체계, 중간체계, 거시체계의 네 가지 체계로 분석하였다는 점에서 선행연구와의 차별성이 있다. 그러나 본 연구의 제한점이기도 하지만 구조방정식모델 분석상 각 체계의 많은 변수들을 포괄적으로 다룰 수 없어 선행연구에서 대표적으로 들고 있는 각 체계의 주요변인 하나를 선택하고 주요변인의 하위변위를 중심으로 분석하였다. 학자에 따라 생태체계의 하위체계도, 하위체계의 주요변인도 조금씩 다르게 분류하고 있으나 본 연구는 선행연구의 검토 후, 검증된 변수로 개인체계로는 자아존중감, 미시체계로는 가족지지, 중간체계로는 여가문화, 거시체계로는 사회적 인식을 선택하였다. 여기서 개인체계인 자아존중감을 매개변수로 한 것은 선행연구들(Ritsner et al, 2006; 정재춘, 2013; 김대규 · 신동환, 2015; 정일교, 2015a 등)이 자아존중감은 사회적 지지, 사회경제적 지위, 여가문화 등 생태체계와 관련된 요인들을 매개로 QOL에 영향을 미친다는 것을 밝히고 있기 때문이다.

2. 뇌성마비장애인의 생태체계변인

생태체계적 접근은 체계적인 틀을 기반으로 하는 생태학적 접근을 의미하며, 생태학적 접근(Ecological Perspective)에 따르면 인간은 주위의 환경과 상호작용을 하며 구조화된 체계 속에서 성장한다(Bronfenbrenner, 1979).

생태체계의 하위체계를 나누는 관점은 학자마다 조금씩 상이하게 분류하고 있는데 Bronfenbrenner(1979)는 미시체계, 중간체계, 외체계, 거시체계로 구분하여 다양한 체계수준의 상호관련성을 강조하였다. Netting, Kettner, and McMurtry(1993)는 미시체계, 거시체계로 구분하고, Compton and Gallaway(1999)는 개인이 처한 개별상황, 미시수준(micro level), 중간수준(mezzo level), 거시수준(macro level) 환경 등으로 나누었다. Zastrow(2000)는 미시, 중간, 거시체계로 구분하였으며, Ambrosino, Heffernan, Shuttleworth, and Ambrosino(2001)는 미시체계, 중간체계, 외부체계, 거시체계로 구분하고 있다. 본 연구는 Compton and Gallaway(1999)의 생태체계적 관점을 토대로 하고자 한다. Compton and Gallaway(1999)에 기반한 생태체계 연구로는 이선영(2004), 박승탁(2007) 등의 연구가 있다.

1) 개인체계: 자아존중감

선행연구에 따르면 개인체계의 요인 중 하나로 자아존중감을 들고 있는 연구로 이선영(2004), 배나래와 박충선(2009), 안혜영(2012) 등이 있다.

개인체계는 개인이 처한 개별상황으로 개인이 어느 특정한 순간에 경험하고 인지하는 부분적 환경이다(이선영, 2004: 5; 엄명용 · 김성천 · 오혜경 · 윤혜미 2006). Michael(2002)은 자아존중감(self-esteem)에 대하여 자기 자신을 어떻게 생각하는 지와 관련된 자아개념(self-concept)의 평가적 측면이라고 하였다. 개인이 자신을 수용하거나 거부하는 주관적인 가치평가라 할 수 있으며, 자신에 대하여 스스로 가치가 있고 자신이 존경받을 수 있다고 믿는 정도 또는 자신에 대한 긍정, 부정적 태도로 정의할 수 있다(정승원, 2014: 171 재인용).

자아존중감은 생득적인 것이 아니라 성장하는 과정에서 자신에게 중요한 타인, 즉 부모, 교사, 또래, 자기를 둘러싼 외부의 세계와 상호작용에서 발달하며, 인간의 삶에 중요한 영향을 미친다(김윤혜, 2001: 2 부분수정). 뇌성마비장애인의 경우 신체장애가 환경을 조절하는 능력을 방해하는 경우가 많기 때문에 낮은 자아존중감을 갖는다는 연구(Kazak and Clark, 1986; Croker and Major, 1989, 박성매, 2012)들이 있으며, 비장애인들과 유의미한 차이가 없다는 연구들(Arnold and Chapman, 1992; Mayberry, 1992)

도 있다. 뇌성마비장애인의 자아존중감과 QOL에 관한 연구로 정일교(2015a)는 자아존중감이 QOL에 정적 영향을 미친다고 하였다. 이러한 선행연구의 결과 뇌성마비장애인의 자아존중감은 QOL에 영향을 미칠 것으로 예측된다.

2) 미시체계: 가족지지

선행연구의 검토결과 미시체계의 요인 중 하나로 가족의 지지를 들고 있는 연구로는 이선영(2004), 박승탁(2007), 최영상(2008), 최화강(2012), 간순옥・노병일(2016) 등이 있다.

미시체계는 미시수준 환경으로 전체의 물리적・사회적 환경 중에서 개인이 일상생활 속에서 직접 접촉하고 상호 교류할 수 있는 부분이다. 가족, 학교, 직장 등 개인이 직접 경험하는 일상적 수준의 환경이 포함된다(이선영, 2004: 5 ; 엄명용 외, 2006: 189). 가족지지는 구성원 간의 상호작용을 통해 사랑과 돌봄, 정보, 물질적 원조 등을 제공, 교환하는 기능 등을 말한다(정지영, 임정하, 2011).

뇌성마비와 관련된 가족지지에 대한 연구는 거의 없으므로 다른 장애유형의 장애인에 대한 가족지지 관련 선행연구를 보면, 김이영・배성우(2005)는 정신장애인을 대상으로 한 연구에서 가족지지가 정신장애인의 기능적 영역(기능, 직업태도), 주관적 경험 영역(자기효능감, QOL)에 긍정적 영향을 미친다고 하였다. 또한 최일섭・고기숙(2007)도 정신요양시설에 있는 정신장애인을 대상으로 한 연구에서 가족지지가 정신장애인의 QOL을 향상시킬 수 있다고 하였다. 박인혜・박소원, 권혁철(2011)은 뇌졸중 환자를 대상으로 한 연구에서 뇌졸중 환자와 가족지지와 QOL은 유의미한 상관관계를 나타내는데 가족지지가 높으면 QOL이 높아진다는 것을 확인할 수 있었다고 하였다. 이러한 연구 결과 뇌성마비장애인의 가족지지는 QOL에 영향을 미칠 것으로 예측된다.

3) 중간체계: 여가문화

선행연구의 검토결과, 중간체계의 요인 중 하나로 여가문화활동을 들고 있는 연구로는 최영상(2008), 오명란(2015) 등이 있다.

중간체계는 중간수준의 환경으로 전체 환경 중에서 미시수준 환경에 직·간접으로 영향을 주어 미시수준 환경의 성격과 기능을 결정하는 환경이다. 여가체계의 일반적 특성, 개인이 이용할 수 있는 지역사회의 자원체계들의 성격이 여기에 해당한다(이선영, 2004: 5; 엄명용 외, 2006: 189).

일반적으로 여가는 개인이 가정·노동 및 기타 사회적 의무에서 벗어나 편안한 상태에서 휴식, 기분전환, 자기개발 및 사회적 성취를 위하여 적극적으로 활동하는 시간을 뜻한다(김광득, 2001). 문화는 문화예술, 생활양식, 공동체적 삶의 방식, 가치 체계, 전통 및 신념 등을 포함하는 사회나 사회구성원의 고유한 정신적·물질적·지적·감성적 특성의 총체를 말한다(문화기본법 제3조, 2013. 12.30제정).

장애인에게 여가문화는 일반적 여가문화의 의미 이외에 장애극복과 사회적응을 통하여 사회구성원으로 살아 갈 수 있는 기회를 제공한다. 즉 장애인의 다양한 문화활동에 대한 참여기회 확대는 여가기능의 향상을 통하여 가능하다. 이를 통하여 심리적, 정신적으로 풍요로운 삶을 살 수 있게 한다(박현일, 박원희. 2015). 그러나 원활하지 못한 의사소통과 사회적 기술부족으로 대인관계 문제, 심리적 위축감, 세심하지 못한 편의시설 등 환경의 물리적 제한, 사회적인 관심과 이해 부족 등으로 여가참여에 많은 제약이 따른다(김송석, 2005). 그럼에도 불구하고 신종호(2008)는 장애인에게 여가문화활동은 자기 삶에 대한 인식을 새롭게 하고 변화와 성장을 위한 기회를 제공한다고 하였다. 장애인의 여가문화활동이 장애인의 QOL에 향상을 가져온다는 연구로는 Barbara(1997), 김송석(2005), 박정아(2011), 정영숙, 신은주(2011), 이수봉(2013), 정일교(2015b) 등의 연구가 있다. 이러한 연구결과 뇌성마비장애인의 여가문화는 QOL에 영향을 미친다고 예측할 수 있다.

4) 거시체계: 사회적 인식

선행연구의 검토결과, 거시체계의 요인의 하나로 사회적 낙인감과 관련된 사회적 인식을 들고 있는 연구로는 이선영(2004), 최영상(2008) 등이 있다.

거시체계는 거시수준 환경으로 사회구성원 모두에게 공통적으로 해당되는 환경을 의미하며 넓은 사회의 물리적, 사회적, 문화적, 경제적, 정치적 구조 등이 여기에 해당한다(이선영, 2004: 5 ; 엄명용 외, 2006: 189).

사회적 인식이란 공동생활의 조직화된 집단 속에서 어느 대상, 즉 사람이나 사물을 아는 것이며, 감각적인 직관에 의해 얻어지는 감성적인 분별력으로써 다른 대상과의 비교, 구별 등을 통해 개념, 판단, 추리로 사물의 본질을 아는 것이다(박은정, 2013: 5). 장애인 스스로 차별받거나 가치절하되어 있다고 생각할수록 타인과의 상호작용에 위협을 느끼고 잠재적으로 자신들이 거부당할 것이라 지각함으로써 상호작용할 수 있는 사회적 관계망이 위축되는 결과를 낳기도 한다(Link et al., 1989, 백은령, 2003: 126 재인용).

장애인을 대상으로 한 사회적 인식과 QOL에 관련된 연구는 장애인의 차별에 대한 경험이 개인적인 삶에 중요한 영향을 미친다는 Bjomskov, Dreher, and Fischer(2007)의 연구, 지체장애인의 사회적 차별인식이 QOL에 미치는 영향에 관한 연구로 남희은(2015)의 연구와 뇌성마비장애인의 사회적 인식과 여가문화활동이 QOL에 미치는 영향에 관한 연구로 정일교(2015b)가 있다. 남희은(2015)은 지체장애인의 차별인식과 QOL은 서로 영향을 미치며, 대처자원과 대처방식은 매개효과를 가진다고 하였다. 정일교(2015b)는 뇌성마비장애인들이 긍정적인 사회적 인식을 가질수록 QOL을 높게 인식하고 있다고 하였다. 이러한 선행연구의 결과 뇌성마비장애인이 인식하는 사회적 인식은 QOL에는 영향을 미친다고 예측할 수 있다.

뇌성마비장애인의 QOL에 영향을 미치는 생태체계변인 분석

1. 뇌성마비장애인의 QOL에 영향을 미치는 생태체계변인분석 연구방법

1) 연구모델

뇌성마비장애인의 QOL에 영향을 미치는 생태체계변인을 분석하기 위하여 다음과 같은 연구모델과 연구가설을 설정하였다.

<가설 1> 가족지지는 자아존중감에 직접적으로 정(+) 영향을 미칠 것이다.

<가설 2> 여가문화는 자아존중감에 직접적으로 정(+) 영향을 미칠 것이다.

<가설 3> 사회적 인식은 자아존중감에 직접적으로 정(+) 영향을 미칠 것이다.

<가설 4> 자아존중감은 QOL에 직접적으로 정(+) 영향을 미칠 것이다.

<가설 5> 가족지지는 QOL에 직접적으로 정(+) 영향을 미칠 것이다.

<가설 6> 여가문화는 QOL에 직접적으로 정(+) 영향을 미칠 것이다.

<가설 7> 사회적 인식은 QOL에 직접적으로 정(+) 영향을 미칠 것이다.

<가설 8> 가족지지는 자아존중감을 통해 QOL에 간접적으로 정(+) 영향을 미칠 것이다.

<가설 9> 여가문화는 자아존중감을 통해 QOL에 간접적으로 정(+) 영향을 미칠 것이다.

<가설 10> 사회적 인식은 자아존중감을 통해 QOL에 간접적으로 정(+) 영향을 미칠 것이다.

연구가설을 중심으로 설정한 연구모델은 **[그림 2-1]**과 같다.

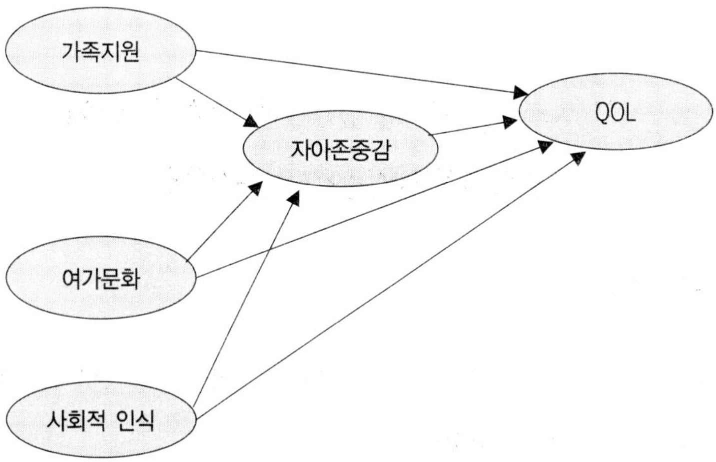

[그림 2-1] 연구모델

2) 자료 및 연구대상

조사 자료 및 연구대상은 Part 1, Chapter 2의 3을 참조.

3) 변수 및 측정도구

(1) QOL

뇌성마비장애인의 QOL에 대한 척도는 세계보건기구(WHO)가 개발한 WHOQOL-BREF를 활용하여 개발한 민성길 외(2000)의 한국판 세계보건기구 QOL 간편형 척도를 활용하였다. 이 척도는 QOL에 대한 5가지 하위변수로 구성되어 있다. '신체적 건강'과 관련된 신체적 통증, 병원치료, 일상생활의 활기찬 정도, 돌아다니는 정도, 수면, 일상생활능력, 일의 수행도의 7항목, '심리적 건강'과 관련된 인생의 즐거움, 자신의 삶에 대한 의미, 일의 집중도, 외모에 대한 만족도, 자신에 대한 만족도, 우울 등 부정적 감정의 정도의 6항목, '사회적 관계'와 관련된 인간관계에 대한 만족도, 성생활만족도, 친구로부터의 지원정도의 3항목, '환경'과 관련된 일상생활 안전도, 건강에 좋은 주거환경, 필요한 물건을 살 수 있는 구매력, 정보취득관련, 여가문화활동 기회, 주거공간상태 만족도, 건강관련서비스, 교통수단 만족도의 8항목, '기타'와 관련된 자신의 QOL, 자신의 건강에 대한 만족도의 2항목 총 26개의 항목으로 구성되어 있다. 각 변인들은 '매우 그렇다=5점'에서 '전혀 아니다=1점'인 Likert의 5점 척도로 구성하였으며, 부정적 질문은 역코딩하여 환산하였다. 점수의 총합이 높을수록 QOL 정도가 높음을 나타내며, 크론바하 알파값(Cronbach alpha)은 0.838이다.

(2) 생태체계변인

본 연구에서 생태체계변인은 Compton and Gallaway의 구분에 따라 개인체계, 미시체계, 중간체계, 거시체계로 구분하였다.

개인체계는 자아존중감을 중심으로 측정하였다. 자아존중감에 대한 척도는 정재춘(2013), 정일교(2015a)의 연구에서 사용한 Rosenberg의 Self-Esteem Scale을 사용하였다. 자아존중감 척도는 자신이 인식하고 있는 자신에 대한 가치, 만족, 존경, 자질 등 총 10항목으로 구성되어 있다. 본 연구에서는 척도의 신뢰성과 타당성을 확보하기 위해 실시한 신뢰도분석과 탐색적 요인분석 및 확인적 요인분석 과정에서 모델의 적합도에 부적합한 요인들을 차례로 제거하고 자신의 성품과 관련된 '자아존중감 1', 자신에 대한 긍정적 생각과 관련된 '자아존중감 2', 자신에 대한 만족감과 관련된 '자아존중감 3'의 3항목으로 측정하였다. 자아존중감은 '매우 그렇다=5점'에서 '전혀 아니다=1점'인 Likert의 5점 척도로 구성하였으며, 점수의 총합이 높을수록 자아존중감이 높음을 나타내며, 크론바하 알파값(Cronbach alpha)은 0.715이다.

미시체계는 비공식적 사회적 지지 중 가족지지를 중심으로 측정하였다. 가족지지에 대한 척도는 가족지지, 친구지지, 의미있는 타인으로 부터의 지지와 같은 비공식적 사회적 지지를 측정하기 위해 Zimet, Dahlem, Zimet and Farley가 개발한 다면적인 척도(MSPSS: Multidimensional Scale of Perceivied Social Support)를 12항목으로 재구성한 최희수(1999)의 척도를, 백은령(2003)이 10개 항목으로 재구성한 것 중 가족지지에 해당하는 것을 활용하였다. 이 척도에서 개발된 가족은 진정으로 나를 도움과 관련된 '가족지지 1', 가족으로부터 필요한 정서적 도움과 지지를 받음과 관련된 '가족지지 2', 내 문제에 대하여 가족과 이야기 할 수 있음과 관련된 '가족지지 3', 가족은 나의 결정을 기꺼이 도움과 관련된 '가족지지 4'의 4항목으로 측정하였다. 가족지지는 '매우 그렇다=5점'에서 '전혀 아니다=1점'인 Likert의 5점 척도로 구성하였으며, 점수의 총합이 높을수록 가족지지가 높음을 나타내며, 크론바하 알파값(Cronbach alpha)은 0.901이다.

중간체계는 여가문화활동을 중심으로 측정하였다. 여가문화활동 척도는 허준수(2002)가 개발하고, 최영상(2008)이 수정 보완한 척도를 활용하였다. 이 척도는 정적인 활동, 체육관련 활동, 여행관련 활동, 문화예술적 활동, 가족 · 친구관련 활동, 사회참여 활동의 6항목으로 구성되어 있다. 본 연구에서는 신뢰도분석과 탐색적 요인분석 및 확인적 요인분석 과정에서 모델의 적합도에 부적합한 정적인 활동(신문 · 잡지보기, 독서, TV시청, 라디오 청취, 장기 · 바둑, 컴퓨터, 인터넷)과 체육관련 활동(걷기 · 산책하기, 달리기 · 조깅, 자전거타기, 등산, 수영, 구기종목)과 관련된 항목을 제거하고, 낚시, 캠핑, 온천, 드라이브, 국내·외 여행 등 여행관련 '여가문화 1', 그림그리기, 노래부르기, 음악감상, 연주, 서예, 원예, 애완용동물 키우기, 영화·연극·공연 관람 등 문화예술관련 '여가문화 2', 식당·외식, 놀이시설, 주말농장 등 가족·친구 관련 '여가문화 3', 친목단체, 사회단체, 정치단체, 자원봉사 등 사회참여 관련 '여가문화 4'의 4항목으로 측정하였다. 여가문화활동은 '매우 자주한다=5점'에서 '전혀 안한다=1점'인 Likert의 5점척도로 구성하였으며, 점수의 총합이 높을수록 여가문화활동이 활발함을 나타내며, 크론바하 알파값(Cronbach alpha)은 0.765이다.

거시체계는 사회적 인식을 중심으로 측정하였다. 사회적 인식척도는 Link B. G., Cullen F. T., Struening E., Shrout P., & Dohrenwend B. P.(1989)가 개발하고, 백은령(2003)이 수정 보완한 척도를 활용하였다. Link et al(1989)는 정신장애인이 자각하는 사회적 인식을 측정하기 위해 자각된 스티그마 척도(PSS: perceived stigma scale) 12항목을 개발하였으며, 백은령(2003)은 이중 지체장애인에게 적합한 10개 항목으로 수정 보완하였다. 본 연구에서는 탐색적 요인분석 및 확인적 요인분석 과정에서 척도의 신뢰도와 타당성, 모델의 적합도에 부적합한 항목을 차례로 제거하고 사람들은 대부분 장애인을 가까운 친구로 받아들일 것이라는 '사회적 인식 1', 대부분의 사람들은 장애인도 비장애인만큼 가치가 있다고 믿는다는 '사회적 인식 2', 대부분의 사람들은 장애인이라 할지라도 선생님으로 받아들일 것이라는 '사회적 인식 3'의 3항목으로 측정하였다. 사회적 인식은 '매우 그렇다=5점'에서 '전혀 아니다=1점'인 Likert의 5점척도로 구성하였으며, 점수의 총합이 높을수록 사회적 인식이 높음을 나타내며, 크론바하 알파값(Cronbach alpha)은 0.838이다.

4) 분석방법

본 연구는 SPSS와 AMOS 22.0(ver.)을 이용하여 분석을 진행하였다. 첫째, 연구대상자의 인구사회적 특성을 파악하기 위하여 빈도분석을 실시하였다. 둘째, 본 연구의 항목 및 요인별 응답치와 상관정도를 파악하기 위하여 기술통계분석과 Pearson의 상관관계분석을 실시하였다. 셋째, 본 연구 척도의 타당도와 신뢰도를 분석하기 위하여 탐색적 요인분석과 신뢰도분석을 적용하였고, 탐색적 요인분석과정에서 검증된 항목에 대하여 AMOS를 이용하여 확인적 요인분석을 실시하였다. 넷째, 최종 타당도가 선별된 항목 및 요인에 구조방정식모델분석을 통해서 본 연구가설을 검증하였다.

2. 뇌성마비장애인의 QOL에 영향을 미치는 생태체계변인분석 연구결과

1) 연구대상자의 인구사회적 특성

연구대상자의 인구학적 특성은 Part 1, Chapter 2의 3을 참조.

2) 주요변수의 기술통계

주요변수들의 기술통계는 <표 2-1>과 같다. 개인체계 중에서는 자아존중감 2(자신에 대한 긍정적 생각)가 가장 높게 나타나 3.63이었으며, 미시체계 중에서는 가족지지 1(가족의 진정한 도움)이 3.53으로 가장 높게 나타났으며, 중간체계 중에서는 여가문화 2(예술활동관련)이 3.21이 가장 높게 나타났다. 거시체계 중에는 사회적 인식 1(친구로 인식)과 사회적 인식 2(비장애인과 동등한 가치)가 3.08로 높게 나타났으며, QOL에서는 심리적 건강이 3.19로 가장 높게 나타났다. AMOS모델 추정을 위한 정규성(normailt)을 확인한 결과 절대값이 모두 4보다 크지 않아 적합한 것으로 나타났다.

〈표 2-1〉 주요변수의 기술통계

	변수		최소값	최대값	평균	표준편차	왜도	첨도
개인체계	자아존중감1	자신의 성품관련	1.00	5.00	3.5586	.97632	-.125	-.554
	자아존중감2	자신에 대한 긍정적 생각	1.00	5.00	3.6327	1.13390	-.370	-.727
	자아존중감3	자신에 대한 만족감	1.00	5.00	3.3395	1.21479	-.289	-.720
미시체계	가족지지1	가족은 진정으로 나를 도움	1.00	5.00	3.5340	1.22995	-.450	-.722
	가족지지2	필요한 정서적 지지를 받음	1.00	5.00	3.3549	1.22687	-.309	-.730
	가족지지3	내 문제에 대해 가족과 이야기를 할 수 있음	1.00	5.00	3.2901	1.22250	-.314	-.778
	가족지지4	나의 결정을 기꺼이 도움	1.00	5.00	3.4321	1.22854	-.417	-.670
중간체계	여가문화1	여행관련 활동(낚시, 캠핑, 드라이브, 온천, 국내외여행 등)	1.00	5.00	2.3981	1.17986	.473	-.619
	여가문화2	문화예술관련 활동(그림그리기, 노래부르기, 음악감상, 연주, 서예, 원예, 애완용 동물 키우기, 영화·연극·공연 관람 등)	1.00	5.00	3.2130	1.34038	-.247	-1.071
	여가문화3	가족, 친구관련 활동(식당·외식, 놀이시설, 주말농장 등)	1.00	5.00	2.9660	1.24745	-.032	-.943
	여가문화4	사회참여관련 활동(친목단체, 사회단체, 정치단체, 자원봉사 등)	1.00	5.00	2.8920	1.42861	.044	-1.266
거시체계	사회인식1	장애인을 친구로 받아들임	1.00	5.00	3.0802	1.16968	.065	-.649
	사회인식2	비장애인만큼 가치가 있음	1.00	5.00	3.0833	1.18132	.121	-.824
	사회인식3	장애가 있을지라도 선생님으로 받아들임	1.00	5.00	3.0340	1.15196	-.030	-.521
QOL	신체적 건강	신체적 통증, 일상생활능력, 일의 수행도, 병원치료 등	1.00	5.00	3.1327	.66044	.005	-.022
	심리적 건강	인생의 즐거움, 삶의 의미, 외모 만족도, 우울 등 부정적 감정, 일의 집중도 등	1.13	5.00	3.1921	.70322	-.008	-.136
	사회적 관계	인간관계 만족도, 성생활 만족도, 친구로 부터 지원 등	1.00	5.00	2.8591	.79970	-.138	.039
	환경	일상생활안전도, 주거공간만족도, 필요한 물건 구매력, 정보취득관련, 교통수단 등	1.00	5.00	3.0405	.69978	.053	.122
	기타	자신의 QOL, 자신의 건강에 대한 만족도	1.00	5.00	2.9907	.93682	.067	-.291

3) 상관관계와 판별타당성

잠재변수들 간의 상관관계를 분석한 결과는 <표 2-2>와 같다. 상관관계분석 결과 변수들 간의 상관계수가 모두 0.8이하로 나타나 다중공성선의 위험이 없는 것으로 판단하였다.

〈표 2-2〉 주요변수 간의 상관관계

변수	자아존중감	가족지지	여가문화	사회적 인식	QOL
자아존중감	1.000				
가족지지	.110*	1.000			
여가문화	.387**	-.137*	1.000		
사회적 인식	.374**	.006	.325**	1.000	
QOL	.573**	.189**	.189**	.409**	1.000

*. $p < 0.05$, **. $p < 0.01$, ***. $p < .001$.

또한 잠재변수의 판별타당성을 분석한 결과 AVE값에 있어 여가문화가 조금 낮게 나타났지만 모든 변수에서 0.5 보다 높게 나타났으며, 상관관계의 제곱값이 모두 0.4 보다 낮게 나타나고 있어 다른 변수 간에 판별타당성이 확보된 것으로 나타났다. 판별타당성 분석결과는 <표 2-3>과 같다.

〈표 2-3〉 잠재변수 간 판별타당성

변수	자아존중감	가족지지	여가문화	사회적 인식	QOL
자아존중감	0.584				
가족지지	0.012	0.5722			
여가문화	0.150	1.877	0.370		
사회적 인식	0.140	0.001	0.106	0.510	
QOL	0.328	0.036	0.036	0.167	0.635

4) 신뢰도 및 타당도 검증

(1) 탐색적 요인분석

본 연구 척도의 타당도와 신뢰도를 분석하기 위하여 탐색적 요인분석과 신뢰도 분석을 실시한 결과는 <표 2-4>와 같다.

요인분석에서의 요인 적재값은 0.60이상을 기준으로 하였으며(Hair, Anderson, Tatham and Biack, 1998), 신뢰성 분석을 통한 내적 일관성 여부(Cronbach`s α)를 판단하였다.

척도에 대한 타당도와 신뢰도를 분석한 결과 자아존중감, 가족지지, 여가문화, 사회적 인식, QOL 모두 하나의 단일 요인으로 구성되었다. 자아존중감의 설명력은 63.8%이며, 내적 일관성 정도는 0.715였다. 가족지지의 설명력은 77.3%이며, 내적 일관성 정도는 0.901로 매우 높았으며, 여가문화의 설명력은 59.1%이며, 내적 일관성 정도는 0.765였다. 사회적 인식의 설명력은 74.7%이며, 내적 일관성 정도는 0.830이며, QOL의 설명력은 65.7%이며, 내적 일관성 정도는 0.838로 나타났다.

전체적으로 설명력이 높은 수준이며, 모든 요인에서 0.7이상 높은 신뢰도 계수를 보여 응답의 내적 일관성은 확보되는 것으로 판단되었다. 또한 공통성이 0.5에 조금 부족한 사회적 관계(0.484)를 제외한 모든 변수에서 0.5이상으로 나타났으며, 고유값도 모두 1이상으로 나타났고, KMO값도 모두 0.6이상으로 나타나 적절한 요인구조를 갖추고 있는 것으로 분석되었다.

〈표 2-4〉 탐색적 요인분석과 신뢰도 분석

	변수	요인 적재치	공통성	고유값	분산 설명력	KMO	Cronbach's α
개인체계	자아존중감1	.760	.577	1.915	63.823	0.669	0.715
	자아존중감2	.808	.653				
	자아존중감3	.827	.684				

	변수	요인 적재치	공통성	고유값	분산 설명력	KMO	Cronbach's α
미시체계	가족지지1	.906	.809	3.091	77.266	0.818	0.901
	가족지지2	.900	.821				
	가족지지3	.893	.663				
	가족지지4	.814	.797				
중간체계	여가문화1	.832	.559	2.364	59.096	0.758	0.765
	여가문화2	.772	.517				
	여가문화3	.747	.693				
	여가문화4	.719	.596				
거시체계	사회인식1	.884	.746	2.240	74.664	0.716	0.830
	사회인식2	.864	.782				
	사회인식3	.844	.712				
QOL	신체적 건강	.838	.702	3.284	65.673	0.826	0.838
	심리적 건강	.842	.709				
	사회적 관계	.696	.484				
	환경	.857	.734				
	기타	.809	.654				

(2) 확인적 요인분석

각 변수들의 측정문항에 대한 일관성을 검증하고 연구모델의 안정적 내적 구조를 검증하기 위해 실시한 확인적 요인분석의 결과는 **[그림 2-2]**와 같다. 모델의 적합도는 κ^2=329.829(df=142), p=000으로 나타났다. κ^2는 모델적합도의 가장 기본 측정치이지만 사례의 수에 따라 민감한 특성이 있기 때문에 본 연구는 GFI, NFI, TLI, RMSEA, CFI를 고려하여 적합성을 검증하였다. GFI, NFI, TLI, CFI는 0과 1사이의 값을 가지며 0.9이상이면 좋은 적합도를 가진 것으로 판단하며, RMSEA은 0.05에서 0.08의 범위를 보일 때 수용할 수 있는 것으로 간주한다(배병렬, 2014).

본 연구에 대한 확인요인분석 결과, GFI는 0.902, NFI가 0.893, TLI가 0.922,

RMSEA가 0.64, CFI가 0.936으로 나타났다. NFI가 0.893이지만 0.9에 가깝고 나머지는 모두 제시한 기준을 충족하고 있어 모델의 적합도가 양호함을 확인하였다.

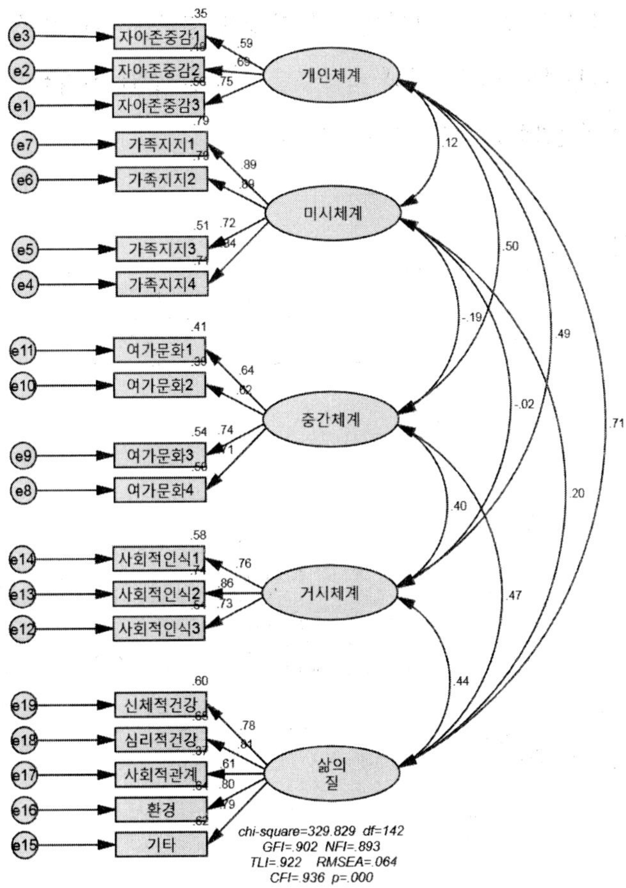

[그림 2-2] 확인적 요인분석

확인적 요인분석의 결과에서 나타난 모델의 적합도를 정리하면 <표 2-5>와 같다.

〈표 2-5〉 확인적 요인분석 결과

κ^2	df	GFI	NFI	TLI	RMSEA	CFI	p
329.829	142	0.902	0.893	0.922	0.064	0.936	0.000

5) 연구모델 적합도 평가

본 연구모델의 각 변인 간 인과적 영향관계를 분석하기 위하여 선행연구에서 제시하고 있고, 본 연구의 확인적 요인분석의 적합도 평가기준과 같이 GFI, NFI, TLI, RMSEA, CFI를 이용하여 연구모델의 적합도를 분석한 결과 적합한 모델로 검증되었으며, <표 2-6>과 **[그림 2-3]**과 같이 나타났다.

〈표 2-6〉 연구모델의 적합도 결과

κ^2	df	GFI	NFI	TLI	RMSEA	CFI	p
336.925	143	0.899	0.891	0.920	0.065	0.934	0.000

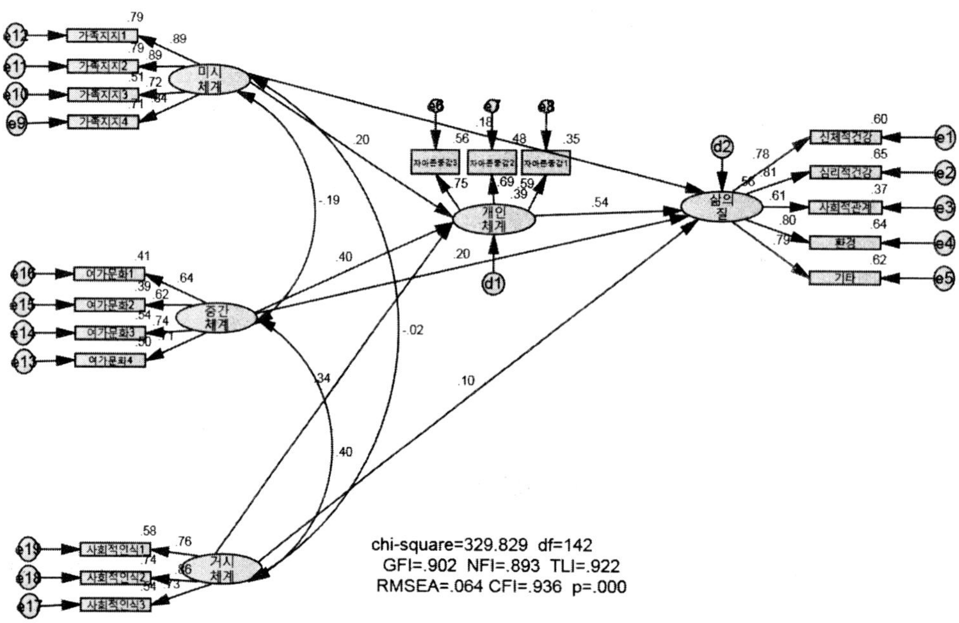

[그림 2-3] 연구모델 분석 결과

6) 가설검증과 잠재변인간의 직 · 간접 효과분석

연구모델이 적합한 것으로 나타남에 따라 개별가설에 대한 검증을 실시하여 <표 2-7>과 <표 2-8>과 같은 결과를 얻었다. 결과를 보면 설정된 10개의 가설 중 가설 7을 제외한 9개의 가설이 채택되었으며, 인과관계방향도 설정한 방향과 일치되게 나타났다. 가족지지는 자아존중감에 직접적으로 정(+)영향을 미칠 것이라는 가설 1은 경로계수가 0.202(t=3.246)로 유의미하게 나타나 채택되었다. 여가문화가 자아존중감에 직접적으로 정(+)영향을 미칠 것이라는 가설 2도 유의미하게 (경로계수=0.399, t=4.933) 나타났으며, 사회적 인식이 자아존중감에 직접적으로 정(+)영향을 미칠 것이라는 가설 3(경로계수=0.338, t=4.562), 자아존중감이 QOL에 직접적으로 정(+)영향을 미칠 것이라는 가설 4(경로계수=0.539, t=5.984), 가족지지가 QOL에 직접적으로 정(+)영향을 미칠 것이라는 가설 5(경로계수=0.178, t=3.290), 여가문화가 QOL에 직접적으로 정(+)영향을 미칠 것이라는 가설 6(경로계수=0.201, t=2.757)은 모두 유의미한 영향을 미치는 것으로 나타나 채택되었다. 그러나 사회적 인식이 QOL에 직접적으로 정(+)영향을 미칠 것이라는 가설 7(경로계수=0.099, t=0.127)은 유의미한 것으로 나타나지 않아 기각되었다.

〈표 2-7〉 연구가설 검증표

경로	표준화계수	비표준화계수	S.E.	C.R.	p	가설
가족지지 → 자아존중감	0.202	0.178	0.055	3.246	0.001	채택
여가문화 → 자아존중감	0.399	0.360	0.073	4.933	0.000	채택
사회적 인식 → 자아존중감	0.338	0.364	0.080	4.562	0.000	채택
자아존중감 → QOL	0.539	0.304	0.051	5.984	0.000	채택
가족지지 → QOL	0.178	0.088	0.027	3.290	0.001	채택
여가문화 → QOL	0.201	0.103	0.037	2.757	0.006	채택
사회적 인식 → QOL	0.099	0.060	0.039	1.528	0.127	기각

<표 2-8>과 같이 구조모델의 변수들 간의 영향력을 Bootstrapping을 통해 직접효과, 간접효과, 총효과로 나누어 살펴보면 다음과 같다. 첫째, 가족지지, 여가문화, 사회적 인식은 자아존중감에 직접적인 영향을 미치는 것으로 나타났다. 가족지지는 .202, 여가문화는 .399, 사회적 인식은 .338의 직접효과를 갖는 것으로 나타나 자아존중감에 미치는 영향력의 크기는 여가문화, 사회적 인식, 가족지지의 순으로 나타났다.

둘째, 자아존중감, 가족지지, 여가문화, 사회적 인식은 QOL에 영향을 미치는 것으로 나타났다. QOL에 미치는 효과를 구체적으로 보면, 자아존중감은 직접적으로만 유의미한 영향을 미치는 것을 나타났으며, .539의 직접효과를 갖는 것으로 나타났다. 가족지지와 여가문화는 직접적인 영향과 더불어 간접적으로도 유의미한 영향을 미치는 것으로 나타나 가설 8과 가설 9가 채택되었다. 가족지지는 직접효과 .178, 간접효과 .109, 총효과 .287을 나타냈으며, 여가문화는 직접효과 .201, 간접효과 .215, 총효과 .416을 나타냈다. 사회적 인식은 직접적으로는 유의미한 영향을 미치지 못하지만 간접적으로는 유의미한 영향을 미치는 것으로 나타나 가설 10이 채택되었다. 사회적 인식의 간접효과는 .182, 총효과는 .281로 나타났다. 한편, QOL에 미치는 영향력에 대한 크기는 직접효과로 볼 때는 자아존중감, 여가문화, 가족지지의 순으로 나타났다. 간접효과를 포함한 총효과로 볼 때는 QOL에 미치는 영향력의 크기는 여가문화, 가족지지, 사회적 인식의 순으로 나타났다.

〈표 2-8〉 뇌성마비장애인의 QOL에 영향을 미치는 잠재변인 간 직 · 간접효과분석

경로	표준화 계수		
	직접효과	간접효과	총효과
가족지지 → 자아존중감	.202**	-	.202**
여가문화 → 자아존중감	.399**	-	.399**
사회적 인식 → 자아존중감	.338***	-	.338***
자아존중감 → QOL	.539**	-	.539**
가족지지 → QOL	.178**	.109**	.287**

경로	표준화 계수		
	직접효과	간접효과	총효과
여가문화 → QOL	.201*	.215**	.416**
사회적 인식 → QOL	.099	.182**	.281**

*. $p < 0.05$, **. $p < 0.01$, ***. $p < .001$.

03 소결

본 연구는 환경과의 통합적 관점에서 뇌성마비장애인의 QOL에 영향을 미치는 생태체계변인을 인과적 경로분석을 통하여 분석하고, 자아존중감을 매개로 한 영향을 직접효과와 간접효과로 나누어 검증하고자 하였다. 본 연구의 결과를 요약하면 다음과 같다.

첫째, 가족지지, 여가문화, 사회적 인식은 자아존중감에 직접적인 영향을 미치는 것으로 나타났다. 즉 가족의 지지를 많이 받고, 여가문화활동을 많이 하고, 사회적 인식이 긍정적일수록 자아존중감이 높다는 것으로 해석된다. 하위변수별로 자아존중감과 관련하여 선행연구의 결과와 비교하면, 가족지지와 자아존중감과 관련하여서는 뇌성마비장애인을 대상으로 가족의 지지가 높을수록 자아존중감이 높아진다는 고보경(2009)의 연구결과를 지지한다. 여가문화와 자아존중감과 관련하여서는 황주연(2008), 정재춘(2013), 김소영(2014)의 연구결과를 지지한다. 황주연(2008)은 여가문화활동 프로그램 참여경험이 있는 장애인을 대상으로 한 연구에서 여가문화활동 수준이 높아질수록 자아존중감도 높아지는 것으로 나타난다고 하였다. 정재춘(2013)도 척수장애인을 대상으로, 김소영(2014)도 정신장애인을 대상으로 여가문화활동과 자아존중감의 긍정적인 인과관계를 확인하며, 적극적인 여가문화활동의 필요성을 제기하였다. 한편 안혜영(2012)은 자아존중감과 여가생활이 QOL에 유의미한 영향이 없다고 하였다. 사회적 인식과 자아존중감과 관련하여서는 Narimani and Mousazadeh(2010), 남희은(2015), 주영하 · 정익중(2016)의 연구결과와 일치한다. 사회적 인식이 긍정적 일수록 자아존중감이 높다고 해석할 수 있다.

둘째, 자아존중감에 미치는 영향력의 크기는 여가문화, 사회적 인식, 가족지지의 순으로 나타났다. 즉, 자아존중감에 미치는 영향력의 크기는 여가문화, 사회적 인식, 가족지지의 순으로 나타났다. 이처럼 본 연구에서는 생태체계변인 중 여가문화가 자아존중감에 미치는 가장 큰 영향을 미치는 것으로 나타났는데 고보경(2009)은 보행, 운동프로그램, 스포츠 등 육체적 활동과 같은 여가문화활동이 자아존중감을 증가시킨다고 하며, 자아존중감의 강화방안으로 육체적 활동의 강화를 들고 있다.

셋째, 자아존중감은 직접적으로, 가족지지, 여가문화는 직접적으로도 간접적으로도 QOL에 영향을 미치는 것으로 나타났으며, 사회적 인식은 간접적으로만 QOL에 영향을 미치는 것으로 나타났다. 즉, 자아존중감은 QOL에 직접적인 영향을 미치며, 가족지지, 여가문화는 모두 QOL에 직접적으로도 자아존중감을 매개로도 모두 영향을 미치는 것으로 나타났다. 반면 사회적 인식은 자아존중감을 매개로 하여 간접적으로만 영향을 미치는 것으로 나타났다.

하위변수별로 QOL과 관련하여 선행연구의 결과와 비교하면, 자아존중감과 QOL과 관련하여서는 자아존중감이 QOL에 유의미한 영향을 미친다는 이선영(2004), Ritsner, Gibel, and Y.Rater(2006), 고보경(2009), 정일교(2015a) 등의 연구결과를 지지한다. 고보경(2009)은 뇌성마비장애인으로 성공적인 삶을 살고 있는 사람들을 대상으로 한 심층면담연구를 한 결과, 참여자들이 자아존중감이 긍정적으로 형성되었을 때 객관적으로 성공적인 삶을 살고 있다고 지각하고 있다고 하였다.

가족지지와 여가문화는 직접적인 영향과 더불어 간접적으로도 유의미한 영향을 미치는 것으로 나타나, 가족지지와 QOL과 관련해서는 가족지지가 QOL에 크게 영향을 미친다는 김이영·배성우(2005), 최일섭·고기숙(2007), 박인혜 외(2011), 안혜영(2012), 이선영(2014)의 연구결과를 지지한다. 여가문화와 QOL과 관련해서는 여가문화활동이 장애인의 QOL에 긍정적 영향을 미친다는 신종호(2008), 김송석(2005), 박정아(2011), 정영숙, 신은주(2011), 이수봉(2013), 정일교(2015b) 등의 연구결과를 지지한다.

사회적 인식과 관련해서는 장애인은 아니지만 성소수자들을 대상으로 한 강병철(2011)의 연구에서 사회적 인식이 QOL에 직접적으로도 영향을 미치지만 자아존중감을 매개로 하여 간접적으로도 영향을 미친다는 결과와 부분 일치한다. 따라서 정신장애인과 뇌성마비장애인의 사회적 인식이 QOL에 영향을 미친다는 남희은(2015), 정일교(2015b)의 연구와 일치하기 위해서는 자아존중감의 매개역할이 중요한 변수임을 알 수 있다.

넷째, QOL에 미치는 영향력 크기는 직접효과로 볼 때는 자아존중감, 여가문화, 가족지지의 순으로 나타났다. 즉, QOL에 미치는 직접적 효과는 자아존중감, 여가문화, 가족지지의 순으로 나타났다. 간접효과를 포함한 총효과로 볼 때는 QOL에 미치는 영향력의 크기는 여가문화, 가족지지, 사회적 인식의 순으로 나타났다. 즉, 자아존중감을 매개로 할 때 QOL에 미치는 영향의 크기는 여가문화, 가족의 지지, 사회적 인식의 순으로 나타났다. 이와 같이 본 연구에서 여가문화가 QOL에 미치는 영향은 생태체계 변인 중 직접효과로는 두 번째, 간접효과를 포함한 총효과로 볼 때는 가장 중요한 요인으로 나타났다. 정영숙과 신은주(2011)도 지체장애인을 대상으로 한 연구에서 정보화에 대한 자립도, 여가생활의 중요도, 지체장애로 인한 영향 중 여가생활이 QOL에 가장 큰 영향을 미친다고 하였다.

본 연구분석의 결과를 바탕으로 뇌성마비장애인의 QOL을 높이기 위한 방안을 제언하면 다음과 같다.

첫째, 뇌성마비장애인의 가족지지, 여가문화, 사회적 인식은 자아존중감에 직접적인 영향을 미치는 것으로 나타났으므로, 뇌성마비장애인의 자아존중감을 높이기 위한 가족지지, 여가문화활동, 사회적 인식의 개선이 필요하다. 따라서 가족지지를 높이기 위한 경제적 지원, 상담프로그램, 자조모임 등 가족지원제도를 보다 활성화하는 것이 필요하다. 또한 여가문화활동에 대한 지원과 긍정적 사회적 인식을 높이기 위한 지원이 필요하다. 이지수(2011)는 여가문화활동의 참여가 장애인들이 느끼는 차별에 대한 경험과 부정적인 사회적 인식을 완화하는 효과가 있다고 하였다.

둘째, 자아존중감이 직접적으로 QOL에 영향을 미치고, 가족지지, 여가문화는 직접적으로도 간접적으로도 QOL에 영향을 미치는 것으로 나타났으므로, 우선적으로 자아존중감의 강화를 통한 QOL을 높이는 것이 필요하다. 정일교(2005b)는 뇌성마비장애인의 자아존중감을 강화시키는 요인으로 생활조건의 개선, 사회심리적 환경의 개선 등을 들고 있으며, 조용운과 조경훈(2014)은 경제적 지표가 자아존중감의 중요한 심리적 요인으로 영향을 미친다며 생활안정지원, 소득보장을 들고 있으며, 앞에서 언급한 것처럼 정재춘(2013)은 여가문화활동 등의 참여를 들고 있다. 나아가 가족지지와 여가문화인 가족지지와 여가문화활동이 QOL에 직접적, 간접적으로 영향을 미치므로, 가족지지와 여가문화활동에 대한 지원이 필요하다고 할 수 있다.

셋째로, 사회적 인식은 QOL과는 직접적인 영향관계는 없고 자아존중감을 매개로 해서만 간접적으로 영향을 미치는 것으로 나타났으므로, 자아존중감의 강화로 긍정적 사회적 인식을 높이고 이를 통하여 QOL을 향상시키는 것이 필요하다. 이는 사회적 인식의 개선만으로 QOL에 영향을 줄 수 없으므로 자아존중감의 강화가 반드시 필요하다는 것을 의미한다.

넷째로 본 연구에서는 QOL에 미치는 생태체계변인 중 여가문화가 직접효과로는 두 번째, 간접효과를 포함한 총효과로는 첫 번째로 가장 영향을 미치는 요인으로 나타났으므로 여가문화에 대한 지원이 QOL 향상에 가장 중요한 요인임을 확인할 수 있었다. 본 연구의 결과처럼 뇌성마비장애인에게 여가문화는 QOL 향상에 중요한 기능을 수행함에도 불구하고 뇌성마비장애인의 여가문화에 대한 인식이 부족하다고 할 수 있다. 이미 장애인복지법, 장애인인권선언 등에서도 장애인이 자유롭게 여가문화활동을 할 수 있는 권리가 있고 정부와 사회는 장애인의 여가문화활동을 적극적으로 보장할 의무가 있다고 명시하고 있다. 또한 2013년에 제정된 문화기본법에서도 문화적 불평등을 완화하기 위해 여가문화활동이 권리로써 보장되어야 한다고 규정하고 있다. 김송석(2005)은 장애인여가문화 참여기회의 확대는 장애인 개인의 QOL 향상뿐만 아니라 장애인복지의 목표인 사회통합에 기여한다고 하였다. 따라서 뇌성마비장애인은 물론 장애인들의 여가문화 불평등을 해소하기 위한 사회적 노력이 필요하다고 할 수 있다. 장애인여가문화와 관련된 프로그램의 개발과 전문인력의 양성, 동호회, 자원봉사자의 활용, 행정적・재정적 지원, 정보교류, 편의시설의 양적 질적 확충 등이 사회적 노력의 일환이라 할 수 있다.

03

뇌성마비장애인의 사회적 지지와 QOL

- 자아존중감의 매개효과를 중심으로 -

뇌성마비장애인의 사회적 지지와 자아존중감, QOL

1. 사회적 지지와 QOL

사회적 지지(social support)와 연관된 용어와 개념은 사회적 관계망(social network), 사회적 지지체계(social support system) 등으로 학자마다 다양하게 사용되고 있다. 사회적 관계망은 개인과 그 개인이 가지고 있는 사회적 지지체계들과의 사회적 관계가 유지되어지는 구조적이고 목적적인 하나의 울타리를 말한다. 이러한 사회적 관계망에서 제공하는 원조를 사회적 지지(social support)라고 한다(양옥남, 2002).

사회적 지지 체계는 사회적 관계망을 구성하는 요소들로 가족, 친구, 이웃, 동료, 상사 등에 의해 제공된 여러 형태의 도움과 원조를 의미한다. 사회적 지지란 할 일을 분담하고 물질적 혹은 인지적 도움을 제공하거나 정서적 안락감을 제공하여 개인의 지배감을 고양시키는 사회활동의 결과이며, 개인이 존경받고 보호받을 수 있다는 신념의 결과라 할 수 있다(Habib, 1995, 황보옥, 박영준, 2010: 305에서 재인용).

사회적 지지에 대하여 최초로 정의를 내린 Cobb(1976)은 "사회적 지지는 개인 스스로가 사랑과 보살핌을 받고 있으며 자신이 가치있는 존재로 존중받고 있고 다른 사람들과 공동의 의사소통망 속에 있다는 것을 믿도록 해주는 정보로서 위기 시에 적응을 촉진시키고 변화에 적응할 수 있는 완충변인으로써 기능을 한다."고 하였다. 즉 인간의 생활은 변화와 위기의 연속이며, 사회적 지지는 이러한 예기치 못한 생활의 변화에 대한 영향을 조절하는 역할을 함으로써 인간으로 하여금 평형을 이루게 하여 신체적, 정신적 건강을 유지하게 한다고 보았다(성선진, 2010: 11 재인용).

배점모(2015: 50)는 사회적 지지의 원천을 가족이나 친지, 직장 상사나 동료, 사회기관으로 나눌 수 있다고 하였다. 이러한 사회적 지지에 대한 정의는 대부분 개인이 사회, 가족과 주위사람들(친척, 친구 등)로부터 받는 유형・무형의 유용한 자원으로 널리 가정되며 비공식적 사회적 지지에 해당된다(최영상, 2009: 19). 어떤 개인이 의지할 수 있는 사람들, 서로 사랑하며 보호해 줄 가치가 있다는 것을 인식하게 해주는 사람들과의 존재확인 또는 이용가능성까지도 의미 한다(원기복, 2016).

이러한 사회적 지지는 정서적, 정보적, 도구적, 평가적 지지라는 네 가지 기능적 특성을 갖는다. 정서적 지지는 사랑, 이해, 격려, 신뢰, 관심, 경청 등의 행위를 통해 상대방이 스스로 가치 있는 사람이라는 감정을 갖게 해주는 지지이다. 정보적 지지는 현재 겪고 있는 문제와 관련된 충고, 조언, 지침을 제공함으로써 개인이 문제를 파악하고 대처할 수 있도록 돕는 것이며, 도구적 지지는 일을 대신해주거나 돈이나 물건을 제공해줌으로써 실제적인 문제해결을 돕는 것이다. 평가적 지지는 칭찬이나 인정 등 평가와 관련된 정보를 전달하고, 결점이나 잘못에도 불구하고 개인을 있는 그대로 수용하고 가치를 부여해 주며, 긍정적 피드백과 자기평가를 통해 자긍심을 향상시키는 것과 관련된 활동을 의미한다(정명숙, 강석임, 2010: 83).

사회적 지지의 기능으로 김윤정・이상진(2017)은 개인이 필요할 때 도움이나 감정이입을 제공받을 수 있다는 믿음과 유용한 지지에 대한 만족감으로, 우울이나 스트레스와 같은 심리적 문제를 완화시켜주는 역할을 함으로써 전반적인 복지를 향상시켜준다고 하였다. Weinberger, Tierney, Booher & Hiner(1990, 김지현, 2017 재인용)는 개인이 대인관계에서 얻을 수 있는 긍정적인 자원으로서 부정적 생활사건에서 바롯되는 부정적인 결과를 완화시켜주는 보호역할을 하며, 부정적 생활사건이 발생하였을 때 이를 통제할 수 없는 상황에서 개인은 부정적인 심리상태를 갖게 되는데 사회적 지지가 이들의 관계에서 긍정적인 방향으로 작용하게 한다고 하였다.

사회적 지지의 긍정적 기능은 장애인도 마찬가지이다. 장애인의 사회적 지지에 관한 연구들(Minsock,Fitzgerald & Bresniham, 2003; Reinhardt, 2001)은 사회적 지지가 자신의 삶에 대한 긍정적 인식을 의미하는 QOL의 향상에 중요한 역할을 한다고 보고하였다. 사회적 지지가 많다고 인식하는 장애인들은 사회적 지지체계가 약한 장애인에 비해 자신에 대해 긍정적 인식을 가지고 있으며, QOL도 더 높게 나타나고 있다(오찬교, 2015).

뇌성마비장애인은 비장애인 및 다른 유형의 장애인에 비하여 심리적 긴장감이 높은 편인데, 이는 뇌의 신체근육 조절이상 증상에서 온다고 볼 수 있지만, 더 근원적인 원인은 어릴 때부터 가족 내에서의 심한 장애로 인한 고립감과 또래집단에서 받았던 심한 충격으로 인한 사회적 부적응에서 오는 좌절감 및 무력감이 심리사회적 문제로 작용한 것이 크다고 할 수 있다(김재익, 2001; 장애인직업안정연구원, 2004; 임종호, 2006). 이렇듯 사회적 지지가 부족한 뇌성마비장애인은 태어나면서는 가족으로부터, 성장과정에서는 또래집단 및 일반사회로부터 고립, 격리되어 심리적 부적응으로 인해 사회환경에 적절히 대처하지 못하고 문제를 해결할 수 있는 행동양식이 결여된 형태가 많이 나타나며, 이로 인해 더욱더 자신이 속한 사회에서 위축되고 정상적인 사회생활을 하는데 많은 어려움을 겪고 있는 실정이다(한국뇌성마비복지회, 2011: 21. 김재익, 2011: 17).

장애인의 QOL은 그들이 받는 사회적 지지에 의해 유의미한 영향을 받는다는 것을 많은 연구들이 밝히고 있다. Nelson et al(1992)는 정신장애인을 대상으로 한 연구에서 사회적 지지는 장애인의 QOL과 높은 영향관계가 있는데 사회적 지지의 부족으로 인하여 QOL이 비장애인보다 낮아지는 원인이 된다고 하였다. 이외에도 장애인의 사회적 지지와 관련된 많은 연구(Krose et al, 2002; 백은령, 2003; 이선영, 2003; Ruesch et al, 2004; Ritsner et al, 2006; Lippold & Burns, 2009; 임성욱, 이숙자, 2008; 김희국, 2010; 황보옥, 박영준, 2010; 조용운, 조경훈, 2014)에서 장애인의 QOL은 그들이 느끼는 사회적 지지와 높은 상관관계가 있음을 밝히고 있다. 따라서 뇌성마비장애인의 QOL에도 사회적 지지와 높은 영향관계가 있음을 유추할 수 있다.

장애인의 사회적 지지와 QOL과 관련 연구로는 여성지체장애인의 사회적 지지가 QOL에 유의미한 영향을 미친다는 황보옥과 박영준(2010), 지체장애인의 QOL 연구에서 사회적 지지가 높은 집단일수록 QOL이 높다는 백은령(2003), 정신장애인을 대상으로 한 연구에서 사회적 지지는 QOL을 높여주는 중요한 요소라고 분석한 이선영(2003)이 있다. 김희국(2010)은 이러한 QOL에 유의미한 영향을 미치는 사회적 지지 중 친구나 동료지지가 가족지지보다 QOL에 유의미한 영향력을 미친다고 정신장애인을 대상으로 분석한 연구에서 밝히고 있다. 임성욱과 이숙자(2008)는 사회적 지지가 높을수록 지체장애인의 주관적 QOL이 높게 나타났으며, 사회적 지지를 통해서도 주관적 QOL을 높이는 것으로 나타났다고 분석하고 있다. 이외에도 장애인의 QOL이 사회적 지지와 높은 관련이 있다는 연구로 Krose et al, (2002), 백은령(2003), Ruesch et al(2004), Ritsner et al(2006), Lippold & Burns, (2009), 김희국(2010), 조용운, 조경훈(2014) 등이 있다.

2. 자아존중감과 QOL

Michael(2002)은 자아존중감(self-esteem)을 자아개념(self-concept)의 평가적 측면으로서 자기 자신에 대해 어떻게 생각하는지와 관련된 개념이라고 하였다. 이러한 자아존중감은 개인이 자신을 수용하거나 거부하는 주관적인 가치평가라고 할 수 있으며, 개인이 자신을 능력있고, 의의 있으며 성공적이라고 믿는 정도를 말한다. 즉, 자신에 대한 태도 속에 나타나는 가치판단으로써 스스로 가치가 있고, 현존하는 자신이 존경받을 수 있다고 믿는 정도 또는 자신에 대한 긍정, 부정적 태도 정도로 정의될 수 있다(Rosenberg, 1965, 정승원, 2014: 171에서 재인용).

Plummer(2001)는 자아존중감은 실패와 성공 모두에 대처할 수 있는 강한 자기 가치감에서 나온다고 하였다. 일반적인 자아존중감의 특성을 살펴보면, 낮은 자아존중감을 가진 사람들은 다른 사람을 회피하는 경향이 있고, 환경적인 요구에 수동적으로 적응하며, 더 많은 걱정, 자기증오, 열등감을 경험하고, 남의 이목을 의식하여 자신감이 부족하며, 사회적인 수용의 상실에 대한 두려움, 자존심의 상실, 우울, 긴장조절 불능, 울분, 불안, 충동, 스트레스에 대한 빈약한 내성, 그리고 편집증적 반응 등의 일반화된 정서반응을 일으킨다고 하였다(김기장, 2001: 16).

이러한 자아존중감은 다른 사람들과의 개인적 경험과 사회적 관계 속에서 형성된다(Cheng & Furnham, 2003). Goldbeck et al(2007)은 자아존중감은 자신에게 중요한 타자로부터 받는 존중과 관심, 수용에 의해 영향을 받고, 이렇게 형성된 자아존중감은 QOL에 영향을 준다고 하였다. 이처럼 사회적 지지는 자아존중감의 형성에 영향을 주고, 자아존중감은 다시 QOL에 영향을 준다고 할 수 있다.

실제로 김대규, 신동환(2015: 152 부분참조)은 장애로 인해 발생되는 신체적 기능의 제한이나 정신적 고통은 물론 가족이나 사회적 관계와 같은 사회적 지지의 부족으로 인해 장애인의 자아존중감은 비장애인에 비해 낮은 수준을 보인다고 하였다. 결국 이러한 자아존중감과 같은 심리적 요인은 장애인의 QOL에 중요한 영향을 미치며, 장애인의 QOL을 저하시키는 요인으로 작용한다.

자아존중감과 QOL과 관련된 연구로는 정신장애인을 대상으로 한 여러 연구들이 자아존중감이 높은 정신장애인이 그렇지 못한 정신장애인 보다 자신의 삶에 더 만족한다고 보고하고 있다. 한금선 외(2001), 우지연과 김현숙(2004), 최말옥(2007), Ritsner et al(2006), Corrigan et al(1999)의 연구가 그 예다. 또한 조용운과 조경훈(2014)은 장애인과 비장애인 두집단의 자아존중감과 QOL에 대한 인과관계분석에서 자아존중감 인식이 높을수록 QOL을 높게 인식하고 있다고 밝히고 있다. 나아가 김대규와 신동환

(2015)은 장애인의 사회경제적 지위가 건강수준과 자아존중감을 매개로 QOL에 미치는 영향 연구에서 사회경제적 지위는 건강수준과 자아존중감에 영향을 미치고, 건강수준과 자아존중감은 QOL에 영향을 미치는 것으로 나타나, 건강수준과 자아존중감은 사회경제적 지위와 QOL의 관계에서 매개효과를 갖는 것으로 확인되었다고 밝히고 있다. 이러한 연구의 결과를 통해 자아존중감이 QOL에 영향을 미치는 것으로 유추할 수 있다. 한편, 정재춘(2013)은 장애인의 여가스포츠 활동과 자아존중감, 삶의 만족간의 영향관계분석, 경로분석을 통하여 적극적인 여가스포츠 활동은 장애인들의 자아존중감과 삶의 만족에 매우 긍정적인 영향을 미친다고 검증하고, 자아존중감의 향상이 QOL을 높이는데 중요한 요인이 된다고 분석하고 있다.

3. 사회적 지지와 자아존중감, QOL

뇌성마비장애인은 신체결함으로 인한 심리적 특성으로 타인과의 교류나 사회로의 접근을 어렵게 하여 사회로부터 소외당하고 있다는 피해의식을 만들기 쉽다. 이것은 자신의 상황을 이해하고 받아들여 있는 그대로의 모습을 인정하는 긍정적 측면에서의 자기 존중감인 자아존중감을 낮게 형성되도록 하고, 자신의 신체에 대해 부정적인 상을 의식하여 개인의 잠재력까지 발휘하지 못하도록 할 수 있다(박성매, 2012: 118). 이렇게 뇌성마비장애인의 자아존중감은 사회적 지지와 QOL에 많은 영향을 미친다고 할 수 있다.

사회적 지지와 자아존중감 관련 연구로 김세안(2004)은 지각된 사회적 지지가 높을수록 지체 및 뇌병변장애여성의 자아존중감이 높아지는 것으로 나타났다고 밝히면서 자기 가치에 변화를 줄 수 있는 사회적 지지체계가 필요함을 시사하고 있다. 김은하와 김윤희(2009)는 정신장애인을 대상으로 사회적 지지와 자아존중감 간에는 정적 영향관계가 있으며, 사회적 지지와 자아존중감을 향상시키는 것이 QOL에 효과적이라고 밝히고 있다. 정명숙과 강석임(2010)도 사회적 지지는 정신장애인의 삶에 대한 만족도에 가장 큰 영향을 미치며, 자아존중감도 QOL에 중요한 영향을 미친다고 밝히고 있다.

뇌성마비장애인을 제외한 다른 유형의 장애인을 대상으로 한 사회적 지지와 자아존중감, QOL 관련연구(정명숙 · 강석임, 2010; 황보옥 · 박영준, 2010; 김현우 · 김대원, 2013; 김대규 · 신동환, 2015; 정재춘, 2013; 정승원, 2014; 조용운 · 조경훈, 2014)는 비교적 많이 있으나 뇌성마비장애인을 대상으로 한 연구는 매우 드물다. 따라서 뇌성마비장애인의 욕구와 특성에 초점을 둔 연구의 필요성이 제기되고 있다.

지금까지 검토한 선행연구들은 대부분이 지체장애인과 정신장애인을 대상으로 한 연구로 사회적 지지를 많이 받을수록, 자아존중감이 높을수록, QOL이 높다고 밝히고 있다. 그러나 뇌성마비장애인을 대상으로 이들 변인의 영향력을 살펴본 연구는 찾아보기 어렵다. 이하에서는 뇌성마비장애인의 QOL에 대하여 이들의 변인간의 영향력을 살펴보고자 한다.

뇌성마비장애인의 사회적 지지와 QOL에 대한 자아존중감의 매개효과

이하에서는 뇌성마비장애인의 QOL과 높은 상관관계에 있는 사회적 지지가 QOL에 어떻게 영향을 미치며, 사회적 지지와 QOL과의 관계에서 자아존중감이 매개효과가 있는지를 규명하여 실천방안을 제시하고자 하며, 연구문제는 다음과 같다.

첫째, 뇌성마비장애인의 사회적 지지는 QOL에 영향을 미치는가?

둘째, 뇌성마비장애인의 자아존중감은 뇌성마비장애인의 사회적 지지가 QOL에 미치는 영향에서 매개효과가 있는가?

1. 사회적 지지와 QOL에 대한 자아존중감의 매개효과 연구방법

1) 연구모델

본 연구의 목적은 뇌성마비장애인의 사회적 지지가 QOL에 미치는 직접적인 영향을 분석하고, 뇌성마비장애인의 사회적 지지가 QOL에 미치는 영향에 대한 자아존중감의 매개효과를 분석하는 것이다. 이에 연구모델을 **[그림 3-1]**과 같이 도식화하였다.

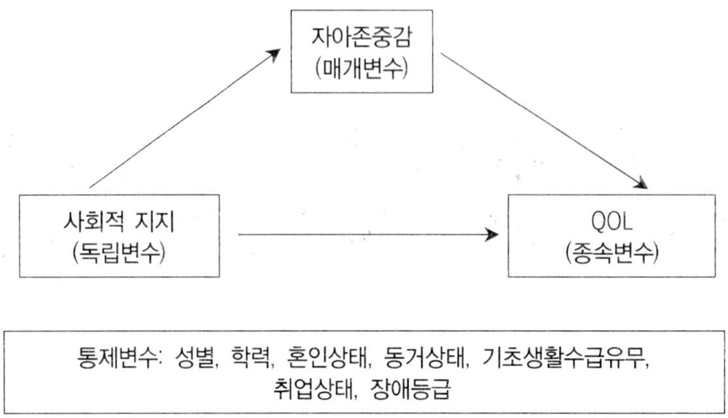

[그림 3-1] 연구모델

2) 자료 및 연구대상

조사 자료 및 연구대상은 Part 1, Chapter 2의 3을 참조.

3) 변수 및 측정도구

(1) 종속변수

본 연구의 종속변수는 뇌성마비장애인의 QOL이다. QOL 척도는 세계보건기구(WHO)에서 개발한 WHOQOL-BREF를 민성길 외(2000)가 한국판 세계보건기구 QOL 간편형 척도를 개발한 도구를 사용하였다. 이 척도는 신체적 건강(7문항), 심리적 건강(6문항), 사회적 관계(3문항), 생활환경(8문항), 기타 전반적 QOL(2문항)의 총 26문항으로 구성되어 있다. 5점 척도로 구성하였으며 응답범주는 '전혀 아니다=1점'에서 '매우 그렇다=5점'을 측정하였다. 부정적 질문인 3, 4, 26번 문항은 '전혀 아니다=5점'에서 '매우 그렇다=1점'으로 역코딩하여 환산하였다. 총합이 높을수록 QOL 척도가 높은 것으로 나타난다. 본 연구에서 Cronbach alpha 계수는 .904로 나타났다.

(2) 독립변수와 매개변수

독립변수는 뇌성마비장애인의 사회적 지지이다. 가족이나 친구, 주변사람 등의 비공식적 체계로부터 받는 사회적 지지를 의미한다. 본 연구에서는 세 가지 체계 즉 가족, 친구, 의미있는 타인(significant other)으로부터 클라이언트가 지각한 사회적 지지를 측정하기 위하여 고안된 Zimet 등(1988)이 개발한 다면적 척도(Multidimensional Scale of Perceived Social Support: MSPSS)를 최희수(1999)가 12항목으로 재구성한 것을, 백은령(2003), 최영상(2008)이 가족과 친구, 의미있는 타인으로부터의 사회적 지지를 측정하기 위해 10개 항목으로 재구성한 것을 사용하였다. 이 척도는 주로 정서적 지지를 중심으로 가족의 지지(4항목), 친구・주변의 지지(6항목)의 총 10항목으로 구성되어 있다. 종속변수와 동일하게 5점 척도로 구성되어 있으며, 부정적 질문인 5번 항목은 역코딩하여 환산하였다. 본 연구에서 Cronbach alpha 계수는 .812로 나타났다. 매개변수는 뇌성마비장애인의 자아존중감이다. 자아존중감의 척도는 Rosenberg(1965)의 자아존중감 척도를 전병제(1974)가 번안하고, 정재춘(2013) 등의 연구에서 활용된 척도를 사용하였다. 이 척도는 개인이 자각하고 있는 자신에 대한 만족, 가치, 존경, 자질 등에 대한 총 10문항으로 구성되어 있다. 5점 척도로 구성하였으며, 부정적 질문인 3, 5, 7, 9, 10 항목은 역코딩하여 환산하였다. 본 연구에서 Cronbach alpha 계수는 .645로 나타났다.

4) 분석방법

본 연구는 SPSS 22.0 프로그램을 활용하여 다음과 같이 분석하였다. 먼저, 연구대상자의 인구사회학적 특성을 살펴보기 위해 빈도분석을 실시하였고, 그리고 주요 변수들 간의 관계를 알아보기 위해 상관관계분석을 실시하였다. 다음으로 뇌성마비장애인의 사회적 지지가 QOL에 미치는 영향을 살펴보고 뇌성마비장애인의 사회적 지지와 QOL 사이에서 자아존중감이 어떠한 영향을 미치는 지를 분석하기 위하여 Baron & Kenny(Baronand Kenny, 1986: 1173-1182)의 위계적 회귀분석을 실시하였다. Baron & Kenny가 제안한 방법은 다음과 같다. 1단계로 독립변수가 매개변수에 유의미한 영향을 미쳐야 한다. 2단계로 독립변수가 종속변수에 유의미한 영향을 미쳐야 한다. 3단계로 독립변수와 매개변수를 동시에 투입하여 종속변수에 회귀시키는데, 이 3단계 회귀분석에서 매개변수는 종속변수에 유의미한 영향을 미쳐야 한다. 이때 독립변수가 종속변수에 대해 미치는 영향을 나타내는 회귀계수를 비교할 때, 3단계 방정식의 독립변수 회귀계수값이 2단계 회귀방정식보다 작아야 한다. 만일 3단계의 독립변수와 종속변수와의 관계에서 유의미한 영향을 미치지 못하면 완전매개, 유의미한 영향을 미치면 부분매개 역할을 한다고 해석한다. 또한 자아존중감의 매개효과가 유의미한지를 살펴보기 위해 Sobel-test를 이용하였다.

2. 사회회적 지지와 QOL에 대한 자아존중감의 매개효과 연구결과

1) 연구대상자의 인구사회학적 특성

연구대상자의 인구사회학적 특성은 Part 1, Chapter 2의 3을 참조.

2) 주요변수의 기술통계

주요변수들의 기술통계 값은 <표 3-1>과 같이 나타났다. 우선, 사회적 지지의 하위변수를 살펴보면, 가족지지가 3.40, 친구・주변지지가 3.69로, 친구・주변지지가 가족지지보다 약간 높게 나타났다. 자아존중감은 평균 3.48로 나타났다. QOL의 하위변수에서는 심리적 건강이 3.19로 가장 높게 나타난 반면, 사회적 관계는 2.85로 가장 낮게 나타났다.

〈표 3-1〉 주요변수의 기술통계

변수		최소값	최대값	평균	표준 편차
사회적 지지	가족지지	1.00	5.00	3.4028	1.07776
	친구 · 주변지지	1.33	5.00	3.6934	.88404
사회적 지지 총합		1.40	5.00	3.5772	.72980
자아존중감		1.40	8.30	3.4818	.66445
QOL	신체적건강	1.00	5.00	3.1327	.66044
	심리적건강	1.13	5.00	3.1921	.70322
	사회적관계	1.00	5.00	2.8591	.79970
	생활환경	1.00	5.00	3.0405	.69978
	기타	1.00	5.00	2.9907	.93682
QOL 총합		1.23	4.65	3.0929	.60496

3) 주요변수의 상관관계

본 연구에서 사용된 주요 변수들의 간의 관련성을 살펴보고자 상관분석을 실시하였으며, 그 결과는 <표 3-2>와 같다. 다수의 변수들 간에서 유의미한 상관관계들을 보이고 있는 것을 확인할 수 있다. 사회적 지지는 자아존중감과 QOL에 정(+)적인 상관관계를 보이고 있다. 또한 자아존중감 역시 QOL에 정(+)적인 상관관계를 보이고 있다. 따라서 본 연구에서 예상할 수 있는 결과를 확인할 수 있었다. 그리고 주요 변수 간의 상관관계 값이 .8이하로 나타나서 변수간의 다중공선성의 문제는 크지 않은 것으로 나타났다.

〈표 3-2〉 주요변수 간의 상관계수

	가족지지	친구·주변지지	자아존중감	QOL
가족지지	1			
친구·주변지지	.143**			
자아존중감	.252**	.376**	1	
QOL	.178**	.396**	.495**	1

**. $p < 0.01$

3. 뇌성마비장애인의 사회적 지지와 QOL: 자아존중감의 매개효과

본 연구는 뇌성마비장애인의 사회적 지지가 QOL에 미치는 영향에 대하여 자아존중감이 가지는 매개효과를 검증하기 위한 목적을 가진다. 위계적 회귀분석을 실시하기 전에 독립변수들의 공차한계(Tolerance) 및 분산팽창요인(VIF:Variance Inflation Factor)의 크기를 살펴본 결과, 공차한계는 모두 .10 보다 높게 나타났고, 분산팽창요인도 10에 근사한 경우가 없는 것으로 나타나 다중공선성의 문제가 존재하지 않는 것으로 나타났다.

다음으로 본 연구의 목적을 위해 Baron & Kenny(1986)가 제안한 절차에 따라 위계적 회귀분석을 실시하였으며 그 결과는 <표 3-3>과 같다.

모델1에서는 본 연구의 독립변수인 사회적 지지가 매개변수인 자아존중감에 미치는 영향을 살펴보았으며, 모델2에서는 사회적 지지가 종속변수인 QOL에 미치는 영향을 분석하였으며, 마지막으로 모델3에서는 독립변수인 사회적 지지와 매개변수인 자아존중감을 투입하여 사회적 지지가 QOL에 영향을 미치는 데 있어서 자아존중감이 매개효과를 가지는지 분석하였다.

모델1은 독립변수와 통제변수인 인구사회학적 변인 및 가구특성 변인 그리고 매개변수를 투입하였다. 그 결과는 독립변수인 사회적 지지(가족지지, 친구·주변지지)가 매개변수인 자아존중감에 미치는 영향력을 알아보는 것으로 분석모델의 설명력은 22.9%로 통계적으로 유의미하였다(F=10.358, p=000). 통제변수들을 통제한 후 분석결과는 뇌성마비장애인의 사회적 지지의 하위변수인 가족지지(β=0.217, p=000), 친구・주변지지(β=0.312, p=000)가 높을수록 높은 자아존중감을 가지는 것으로 나타났다. 모델1의 결과를 통해 β값의 기준으로 뇌성마비장애인의 사회적 지지가 자아존중감에 영향을 미치는데, 가족지지보다 친구・주변지지가 더 영향력을 미치는 것으로 나타났다.

모델2는 독립변수와 통제변수인 인구사회학적 변인 및 가구특성 변인 그리고 종속변수를 투입하였다. 그 결과, 설명력은 27.1%로 통계적으로 유의미한 것으로 나타났다(F=12.966, p=000). 더미화한 통제변수의 중에는 성별(β=0.122, p=0.013)과 장애등급(β=0.168, p=0.001)이 정적으로 유의미한 영향을 미치며, 취업상태가 부적으로 영향을 미쳤다(β=-0.162, p=0.003). 통제변수들을 통제한 후 분석결과는 뇌성마비장애인의 사회적 지지의 하위변수인 가족지지(β=0.126, p=0.015), 친구・주변지지(β=0.343, p=000)가 높을수록 QOL이 높은 것으로 나타났다. 모델2의 결과에서도 뇌성마비장애인의 QOL에 사회적 지지의 하위변수 중 친구・주변지지가 가족의 지지보다 영향을 미침을 알 수 있다. 또한 남자일수록 취업자일수록 장애등급이 경증일수록 QOL이 높음을 알 수 있다.

모델3은 독립변수, 통제변수, 매개변수 그리고 종속변수 모두 포함된 모델로 설명력은 36.3%로 나타났다(F=17.832, p=000). 통제변수 중에는 취업상태(β=-0.125, p=0.015)와 장애등급(β=0.145, p=0.003)이 유의미한 영향을 미치는 것으로 나타났다. 통제변수들을 통제한 후 분석결과는 뇌성마비장애인의 사회적 지지의 하위변수인 친구・주변지지(β=0.235, p=000)만 유의미한 영향을 미치는 것으로 나타났다. 매개변수인 자아존중감(β=0.345, p=000)도 유의미한 영향을 미치는 것으로 나타났다. 모델3의 결과에서도 뇌성마비장애인의 QOL에 사회적 지지의 하위변수 중 친구・주변지지가 높을수록, 자아존중감이 높을수록, 취업자일수록 장애등급이 경증일수록

QOL이 높음을 알 수 있다.

Baron & Kenny(1986)의 매개효과 분석 결과에 따르면 먼저 모델1에서 독립변수인 뇌성마비장애인의 사회적 지지는 매개변수인 자아존중감에 통계적으로 유의미하였고(가족지지: β=0.217, p=000, 친구 · 주변지지: β=0.312, p=000), 그리고 모델2에서는 뇌성마비장애인의 사회적 지지는 QOL에서 유의미한 것으로(가족지지: β=0.126, p=0.015, 친구 · 주변지지: β=0.343, p=000) 확인되었다. 다음으로 모델3에서서도 뇌성마비장애인의 사회적 지지 중 친구 · 주변지지(β=0.235, p=000)가 유의미한 영향을 미친다는 것이 확인되었으며 매개변수인 자아존중감도 QOL에 유의미한 영향을 미치는 것으로 나타났다((β=0.345, p=000).

즉 매개효과 검증을 위해 매개변수인 자아존중감을 함께 투입한 결과 모델3의 설명력이 모델2의 설명력보다 9.2% 증가하였다. 또한 모델3에서 독립변수의 영향력이 모델2보다 감소되었다. 이러한 결과를 통해 자아존중감은 뇌성마비장애인의 사회적 지지 중 친구 · 주변지지 차원에서 QOL 간의 관계에서 매개효과를 나타내는 것으로 해석할 수 있다.

〈표 3-3〉 사회적 지지가 QOL에 미치는 영향에 대한 자아존중감의 매개효과

		모델1 (X:사회적 지지 → M:자아존중감)			모델2 (X:사회적 지지 → Y:QOL)			모델3 (X:사회적 지지, M:자아존중감 → Y:QOL)		
		B	β	유의수준	B	β	유의수준	B	β	유의수준
통제변수	상수	2.256		.000	1.869		.000	1.159		.000
	성별	.136	.099	.051	.153*	.122	.013	.110	.088	.058
	학력	-.119	-.078	.150	-.045	-.033	.535	-.008	-.006	.909
	혼인상태	-.107	-.061	.246	.055	.034	.503	.088	.056	.249
	동거상태	.143	.095	.090	.035	.026	.636	-.010	-.007	.889
	기초생활수급	.019	.014	.807	.076	.063	.266	.070	.058	.273
	취업상태	-.147	-.107	.056	-.201**	-.162	.003	-.155*	-.125	.015
	장애등급	.090	.067	.202	.207***	.168	.001	.178**	.145	.003

		모델1 (X:사회적 지지 → M:자아존중감)			모델2 (X:사회적 지지 → Y:QOL)			모델3 (X:사회적 지지, M:자아존중감 → Y:QOL)		
		B	β	유의수준	B	β	유의수준	B	β	유의수준
독립변수	가족지지	.134***	.217	.000	.071*	.126	.015	.029	.051	.304
	친구·주변 지지	.235***	.312	.000	.235***	.343	.000	.161***	.235	.000
매개변수	자아존중감							.315	.345***	.000
모델 적합도	R^2	.229			.271			.363		
	Adj R^2	.207			.250			.343		
	F	10.358***			12.966***			17.832***		

*. $p < 0.05$, **. $p < 0.01$, ***. $p < .001$.

※ 더미변수: 성별(여=0,남=1),학력(무학/초졸/중졸/전문대졸/대졸이상=0, 고졸=1).혼인상태(기혼/이혼/사별=0, 미혼=1), 동거상태(혼자/배우자와 함께/ 형제/가족과 함께/기타=0, 부모와 함께=1), 기초생활수급(수급자=0, 비수급자=1), 취업상태(전일제/시간제/구직 중/ 구직의사없음=0, 취업불가능=1), 장애등급(2급/3급/4급/5급이상=0, 1등급=1).

또한 모델3에서 사회적 지지 중 유의미한 영향을 미치는 것으로 나타난 친구·주변지지의 매개효과가 통계적으로 유의미한지 확인하기 위해 실시한 Sobel Test에서 Z값은 <표 3-4>와 같다. 친구·주변지지 → 자아존중감 → QOL의 Z값은 4.356(p<.001)으로, 친구·주변지지와 QOL 관계에서 자아존중감의 통계적 유의미를 확인하였다. 따라서 사회적 지지 중 친구·주변지지는 자아존중감에 영향을 주고, 자아존중감은 다시 QOL에 영향을 미치는 경로가 확인되었으며, 뇌성마비장애인의 QOL을 높이기 위해서는 자아존중감이 친구·주변지지와 함께 고려될 때에 더욱 효과적임이 밝혀졌다.

〈표 3-4〉 사회적 지지(친구·주변지지)가 QOL에 미치는 영향에 대한 자아존중감의 매개효과의 Sobel test 검증

매개효과 경로	Z
뇌성마비장애인의 친구·주변지지 → 자아존중감 → QOL	Z=4.356***

***. $p < 0.01$

03 소 결

본 연구의 주요 목적은 뇌성마비장애인의 사회적 지지가 QOL에 어떻게 영향을 미치는 지를 알아보고 그러한 영향에 자아존중감이 매개하는 지를 알아보는 것이다. 본 연구의 결과를 요약하면 다음과 같다.

첫째, 모델1에서 뇌성마비장애인의 사회적 지지는 자아존중감에 정적으로 영향을 미치는 것으로 나타났으며, 이는 김세안(2004), 김은하와 김윤희(2009)의 연구결과와 일치한다. 또한 본 연구에서는 가족지지보다 친구・주변지지가 더 영향력을 미치는 것으로 나타났다.

둘째, 모델2과 모델3에서 뇌성마비장애인의 사회적 지지는 QOL에 정적으로 유의미한 영향을 미치는 것으로 나타났는데 이는 앞에서 살펴본 것처럼, 사회적 지지도 장애인의 QOL에 유의미한 영향을 미친다는 선행연구의 결과(황보옥, 박영준, 2010; 김희국, 2010; 임성욱, 이숙자, 2008; Nosek et al, 1996, Lippold & Burns, 2009; Krose et al, 2002)를 뒷받침한다. 특히 본 연구에서는 사회적 지지의 하위변수인 친구・주변의 지지가 가족의 지지 보다 높게 나타났는데, 이는 사회적 지지 중 친구나 동료지지가 가장 유의미한 영향을 미친다는 김희국(2010)의 연구결과와도 일치한다. 남자일수록 취업자일수록 장애등급이 경증일수록 QOL이 높다고 인식하는 것으로 나타났다.

셋째, 위계적 회귀분석 결과, 뇌성마비장애인의 사회적 지지 중 친구・주변지지가 QOL에 영향을 미치는 데 있어서 자아존중감의 매개효과가 검증되었다. 이는 뇌성마비장애인의 친구・주변지지는 자아존중감을 통해 QOL에 영향을 주는 것을 의미하는데, 즉 뇌성마비장애인의 친구・주변지지가 많을수록 자아존중감이 높아지며, 이를 토대로 QOL이 높아짐을 의미한다. 이는 사회적 지지가 높을수록 자아존중감이 높고, 자아존중감이 높을수록 QOL이 높다고 한 김은하와 김윤희(2009), 조용운와 조경훈(2014), 김대규와 신동환(2015)의 연구결과와 일치하지만 이들 연구는 사회적 지지에 가족지지도 포함하고 있다는 점에서 본 연구의 사회적 지지와는 차이가 있다. 본 연구에서는 가족지지는 유의미한 영향을 미치지 않는 것으로 나타났다. 따라서 친구・주변지지가 높을수록, 자아존중감이 높을수록, 취업자일수록 장애등급이 경증일수록 QOL이 높음을 알 수 있다.

본 연구결과의 논의를 바탕으로 뇌성마비장애인의 QOL을 높이기 위한 실천방안을 제시하면 다음과 같다.

첫째, 뇌성마비장애인의 사회적 지지는 자아존중감에 정적 영향을 미치는 것으로 나타났는데, 김은하와 김윤희(2009)는 자아존중감을 높일 수 있는 사회적 지지유형으로 보다 일상적이고 정서적인 교류와 만족도를 주는 것이라고 하였다. 또한 본 연구에서는 가족지지도 중요하지만 친구・주변지지가 더 영향력을 미치는 것으로 나타나고 있으므로 보다 가족 및 사회적 관계의 확대를 통한 일상적이고 정서적 교류를 높이며, 가족 및 사회관계의 만족도를 높이는 사회적 지지체계의 강화가 필요하다.

둘째, 본 연구의 결과 사회적 지지 중 친구・주변지지가 QOL에 가장 유의미한 영향을 미치는 것으로 나타났는데, 이러한 친구・주변의 지지를 강화하기 위해서는 뇌성마비장애인의 사회참여와 활동을 넓히기 위한 사회적 지지프로그램의 지원, 장애인 소모임, 친구와 교류 등 다양한 프로그램의 개발이 필요하다. 본 연구에서는 가족지지가 친구・주변지지보다 영향력이 낮게 나타났지만 황보옥과 박영준(2010)의 연구에 따르면 가족의 지지가 QOL에 미치는 중요한 요인이다. 따라서 뇌성마비장애인의 가족의 응집력을 강화할 수 있는 경제적 지원, 가족지원프로그램, 교육, 상담프로그램, 자조모임 등의 지원이 필요하다. 본 연구에서 QOL의 하위변수인 신체적 건강, 심리적 건강, 사회적 관계, 환경, 기타 중 사회적 관계의 평균값이 가장 낮게 나타난 만큼 사회적 지지를 강화하기 위한 지원제도를 통해 뇌성마비장애인의 사회적 관계를 확대시키는 방안의 모색이 필요하다.

셋째, 뇌성마비장애인의 QOL을 높이기 위해서는 사회적 지지도 중요하지만, 자아존중감이 매개역할을 하는 중요한 변수임을 파악할 수 있었다. 따라서 자아존중감을 높일 수 있는 뇌성마비장애인의 생활조건의 개선, 사회심리적환경의 개선을 위한 지원이 필요하다. 또한 조용운와 조경훈(2014)의 연구에서 장애인집단의 경우 비장애인 집단에 비해 자산이 자아존중감에 미치는 영향이 높게 나타나고 있는 것처럼, 경제적 지표가 자아존중감이라는 심리적 요인을 매개로 QOL에 긍정적 영향을 미치고 있는 만큼 뇌성마비장애인의 생활안정지원 및 소득보장에 대한 지원이 필요하다. 나아가 자산을 형성할 수 있는 자산형성지원제도 등의 모색이 필요하다. 한편 정재춘(2013)의 연구는 여가스포츠 활동이 장애인의 자아존중감 향상에 미치는 영향이 크며, 이는 QOL을 높이는데 중요한 요인이 된다고 밝히고 있다. 따라서 스포츠 활동이 장애인의 자아존중감과 QOL에 중요한 영향을 미치는 만큼 뇌성마비장애인의 적극적 여가문화 활동의 필요성이 제기됨으로, 여가스포츠 활동을 높이기 위한 프로그램의 개발, 장애인 여가스포츠 지도자의 육성이 필요하다. 또한 뇌성마비장애인의 경우, 현실의 여러 제약으로 인하여 스포츠 참여에는 많은 어려움이 따름으로 여가스포츠 활동에 도움을 줄 수 있는 자원봉사 지원제도의 활성화가 필요하다.

넷째, 본 연구의 결과로 남성일수록, 취업자일수록 QOL이 높은 것으로 나타났는데 이는 반대로 여성일수록 비취업자일수록 QOL이 낮다는 것을 의미한다. 본 연구의 인구사회학적 속성을 보면 신체적으로 취업이 불가능한 상태, 무직이 가장 많으며, 취업자일지라도 월평균 50만원미만으로 최저임금에도 못미치는 저임금의 상태에서 생활하는 뇌성마비장애인이 많은 것으로 나타났다. 따라서 남성과 취업자의 QOL에 대한 향상도 필요하지만 여성과 비취업자에 대한 사회적 지지가 더욱 필요하다는 것을 시사한다.

다섯째, 본 연구의 결과 장애등급이 높을수록 사회적 지지와 자아존중감이 낮은 결과 QOL의 경우도 낮게 나타나고 있다. 즉, 장애가 심할수록 사회적, 경제적, 심리적 제약을 많이 받고, 이는 자아존중감을 낮게 하여, QOL이 낮아지게 됨으로 장애의 정도, 형태 등에 따른 다양한 지원이 필요하다. 뇌성마비장애의 경우는 장애형태의 차이에 따라 제약을 받는 정도, 유형도 다양함으로 각각의 특성에 따른 지원이 필요하다.

이상과 같이 뇌성마비장애인의 QOL을 높이기 위한 사회적 지지와 자아존중감의 관계를 조사하였다. 본 연구는 기존 연구에서 부족하였던 성인 뇌성마비장애인을 대상으로 자아존중감을 활용하여 사회적 지지와 QOL 관계를 살펴본 것에 의의가 있다고 생각한다. 하지만 본 연구는 QOL에 영향을 미치는 사회적 지지와 자아존중감에 대한 다양한 변인을 검토하지 못한 한계점을 가지고 있다. 또한 장애인종합복지관과 장애인자립생활센터를 이용하는 뇌성마비장애인만을 연구대상으로 한 만큼 일반화에 한계가 있다. 사회적 지지와 자아존중감에 대한 보다 다양한 변인과 장애인종합복지관과 장애인자립생활센터 이외의 다른 곳을 이용하는 뇌성마비장애인을 포괄한 후속연구를 제언한다.

04

뇌성마비장애인의 사회적 인식, 여가문화활동과 QOL

01

뇌성마비장애인의 사회적 인식, 여가문화활동과 QOL

선천적인 장애의 발생비율이 높은(Steven, L.C., & Gary, D.V.Hankins, 2003; 노효련 · 안소윤, 2001) 뇌성마비장애인들은 성장하는 동안 자기수용에 대한 어려움을 경험하며, 부정적인 자기 개념을 갖게 된다. 또한 좌절감이나 고립감, 혹은 외로움 등의 감정에 자주 노출될 수 있다(John, T.R., 2003, 한국뇌성마비복지회 · 성균관대학교 사회복지연구소, 2006: 2 재인용). 이러한 부정적인 자기 개념은 사회에 대한 사회적 인식에도 부정적 영향을 미칠 수 있다. 즉 뇌성마비장애인이 자신이 자각하고 있는 사회적 인식은 삶의 만족도에 있어서 긍정적 혹은 부정적 영향을 미치며 이는 뇌성마비장애인의 QOL에도 영향을 미칠 것이다. Marcel & Dijkers(1999), 김계하(2005), Bjomskov et al.(2007), 이중섭(2009)의 연구들은 사회로부터 받는 차별과 같은 사회적 인식이 장애인의 QOL에 중요한 영향을 미치고 있다고 보고하고 있다. 이지수(2011)는 뇌성마비장애인의 QOL에 영향에 미치는 차별경험과 같은 사회적 인식은 여가문화활동의 참여로 완화할 수 있다고 밝히고 있다. 이렇게 여가문화활동의 참여는 뇌성마비장애인이 자각하고 있는 사회적 인식과 더불어 QOL에 미치는 중요한 요소라 할 수 있다.

사회적 인식이란 공동생활의 조직화된 집단속에서 어느 대상, 즉 사람이나 사물을 아는 것이며, 감각적인 직관에 의해 얻어지는 감성적인 분별력으로써 다른 대상과의 비교, 구별 등을 통해 개념, 판단, 추리로 사물의 본질을 아는 것이다(박은진, 2013: 5). 이러한 사회적 인식은 뇌성마비장애인의 QOL에 영향을 미칠 것으로 예측된다.

일반적으로 여가는 개인이 가정 · 노동 및 기타 사회적 의무에서 벗어나 편안한 상태에서 휴식 · 기분전환 · 자기개발 및 사회적 성취를 이루기 위하여 적극적으로 활동하는 시간을 뜻한다(김광득, 2001). 그리스의 철학자 아리스토텔레스(Aristotle)는 여가를 존재상태의 보고, 삶의 목적으로서 여가 그 자체를 영위하여야 한다고 하였다(Bammel, G., & Burrus-Bammel, 1992). Paul Weiss는 "여가란 인간이 일과 후의 여력의 시간을 가장 잘 적절하게 사용함으로서 일을 보다 열심히 한다던가 또는 능률적으로 한다기 보다는 무엇을 하든지 그것에 가치를 부여하고, 나아가 목표를 세움으로써 최선의 상태에 이를 수 있는 시간을 갖는 것이라고 하였다." Kelly(1990)는 여가문화활동을 대중문화활동, 스포츠활동, 여행, 관광관련활동, 야외 여가문화활동, 예술활동 등으로 구분하였으며, 이러한 여가문화활동의 효과를 송강영(1999: 18-19)은 생리적, 심리적, 사회적 측면에서 다음과 같이 정리하고 있다.

첫째, 생리적 측면에서 현대인의 운동부족은 스트레스 증가와 함께 심장병, 당뇨병, 요통, 신경과민, 비만, 정신신경증 등 각종 성인병 유발의 원인이 되고 있다. 많은 의학보고에서는 현대인들이 과거에 비해 심장병, 당뇨병, 신경성 질환, 비만, 소화 장애 등 성인병에 걸릴 확률이 높아졌다고 지적하고 있으며, 이에 대한 예방과 치료를 위해 적절한 운동을 강조하고 있다(김의수 · 이형국 · 임완기 · 최승권, 1995).

둘째, 심리적 측면에서 신체적 여가문화활동은 일반적으로 긴장, 공격성, 좌절과 같은 파괴본능을 안전하면서도 효과적인 방출효과가 있으며, 극단적 감정인 즐거움, 미움, 슬픔과 같은 정서적 앙금을 발산시키는 좋은 기회를 제공한다(이홍구, 1998).

셋째, 사회적 측면에서 신체적 여가문화활동은 사람들과 함께 어울려 살며 의지하는 정서적 유대를 조성한다. 그리고 사회구성원인 개인이 건설적인 양식으로 함께 공존하는 데 필요한 요소인 우호적 인간관계를 창출하고 강화함으로써 원만한 사회생활을 영위할 수 있게 해준다. 또한 신체적 여가문화활동은 상이한 개성과 이해를 지닌 이질적인 유기체를 공동체로 융화·화합시키는 역할을 한다고 할 수 있다(송강영, 1999: 22).

여가문화활동은 산업화되고 도시화된 현대사회에서 생활하고 있는 현대인의 각종 스트레스를 해소할 수 있는 기회를 제공하고, 심신의 건강을 도모하며, 삶에 대한 의욕을 북돋아 QOL을 제고시키는 역할을 한다. 뿐만 아니라 능동적이고 건전한 여가문화활동은 행복한 삶을 위한 전제조건이 되는 기초요소라 할 수 있다(김재운·유생열, 2006: 158).

이렇듯 건전한 여가문화활동은 궁극적으로 QOL 향상을 통한 행복 추구를 지향할 뿐만 아니라 신체적 여가문화활동에 참여하는 개인에게 자유와 기쁨을 준다. 또한 각종 사회문제의 어려움에 직면해 있는 실존적 인간에게 신체적 여가문화활동의 참여는 개인에게 희망을 잃지 않게 하며, 나아가서는 어려움을 극복해 나가는 도전적이면서도 적극적인 성취동기를 갖게 한다. 이렇게 여가문화활동은 행복을 추구하는 인간의 기본 욕구가 표현되는 만족의 경험을 제공하고 생에 대한 긍정적 태도를 갖게 함으로써 일상적인 삶을 건강하고 건전하게 살아가도록 동기를 부여한다(김재운, 2003: 16).

실제로 현대사회의 특징이라고 할 수 있는 정보화, 자동화, 기계화 등 과학기술문명의 발달은 소득 및 소비수준의 향상과 더불어 일상생활에서의 편리함과 풍요로움을 제공하는 반면, 급속한 사회질서의 변화를 일으켜 여러 사회 병리적 현상인 인간소외, 성인병 증가, 퇴폐 향락 풍조의 만연, 운동부족과 같은 부작용을 초래하고 있다. 현대사회에서 발생할 수 있는 이러한 여러 사회 병리적 부작용을 치유할 수 있는 방안으로 건전한 여가활용이 사회의 주요 쟁점으로 부각되고 있다(김재운, 2003: 1 부분 수정). 뇌성마비장애인은 뇌성마비라는 장애의 특성으로 인하여 여가문화활동 참여에 여러 제한을 받고 있지만 정영숙·신은주(2001)에 의하면 장애인의 QOL에 큰 영향을 미치는 요인이 여가생활이라고 밝히고 있다.

이렇게 사회적 인식과 여가문화활동이 QOL에 중요한 영향을 미침에도 불구하고 뇌성마비장애인은 물론 장애인이 스스로 지각한 사회적 인식과 관련된 연구는 거의 없으며, 사회적 인식과 QOL에 관련된 연구도 거의 이루어지지 않고 있다. 관련 연구로 박현숙 · 손민정 · 송진영(2013)은 중증장애인을 대상으로 차별경험이 삶의 만족도에 미치는 영향에 대한 연구에서 장애수용이 차별경험과 삶의 만족도에서 매개효과가 있음을 밝히고 장애인 스스로가 장애에 대한 인식을 극복할 수 있도록 하는 역량강화프로그램을 강조하였다. 이외 장애인의 차별경험과 삶의 만족도와 관련된 연구로 이중섭(2009)은 빈곤한 장애인의 생활만족도 관련 요인에 대한 연구에서 차별의 경험정도가 생활 만족도에 영향을 미치고 있음을 밝히고 있다. 또한 김계하(2005)는 후천적 지체장애인에 대한 QOL 구조모델에서 후천적인 장애인의 차별경험이 건강과 관련된 QOL과 유의미한 관계가 있다고 분석하고 있다. Bjomskov et al.(2007)는 장애인들의 차별에 대한 경험이 개인의 삶에 중요한 영향을 미친다고 하였으며, Marcel & Dijkers(1999)도 척수장애인에게 차별에 대한 경험이 삶의 만족도에 중요한 영향을 미친다고 하였다. 장애인이 아닌 비장애인을 대상으로 한 사회적 인식에 관한 연구로는 박은진(2013)이 피부미용사 직업에 대한 사회적 인식에 대하여 조사하고 자신의 직업에 대한 인식수준과 가치에 대하여 분석하고, 직무에 대한 긍지와 자부심을 향상할 수 있는 기회에 대하여 모색하고 있다. 이 밖에 최주원 · 김영규(2011)는 캐디를 대상으로 그들이 자각하고 있는 사회적 인식이 직무스트레스와 이직의도에 어떠한 영향을 미치는 가에 대한 분석을 통하여 캐디의 업무환경을 개선함으로써 캐디의 사회적 향상에 기여하여야 한다고 제안하고 있다.

여가문화활동과 QOL 간의 선행연구에 대하여 살펴보면, 유영미(2011)는 뇌성마비아동을 대상으로 여가문화활동의 참여와 QOL에 대하여 조사하고 뇌성마비아동의 QOL을 예측하는 여가문화활동 유형을 분석하고 있다. 연구결과 전체적인 여가문화활동 참여가 뇌성마비아동의 QOL에 영향을 미치고 사회활동의 참여가 QOL 향상에 영향을 줄 것이라고 제언하고 있다. 이 밖에 다른 장애를 가진 장애인을 대상으로 정영숙・신은주(2011)는 지체장애학생의 지체장애로 인한 영향, 정보화에 대한 자립도, 여가생활의 중요도를 QOL과 관련하여 분석한 연구에서 지체장애학생들의 QOL에 가장 큰 영향을 미치는 것이 여가생활의 중요도라고 하였으며, 여가생활이 중요하다고 인식할수록 QOL이 높아진다고 하였다. 또한 이지수(2011)는 자기낙인이 QOL에 미치는 부정적 영향을 여가문화활동의 참여로 인해 완화할 수 있는 가에 대한 연구에서 여가문화활동의 만족여부는 경증 장애를 가진 사람의 경우 차별경험을 완화할 수 있다고 분석하고 있다.

정연홍(2013)은 여가문화활동 유형 중 국내 관광여행과 문화예술관람을 경험한 장애인을 대상으로 한 조사에서 여가문화활동에 참여한 장애인이 자각하는 만족도가 장애인의 생활만족도에 유의미한 영향을 미친다고 분석결과를 제시하고 있다. 김경식・전형상・김재운(2010)은 한국인의 여가문화활동 제약과 삶의 만족도에 관한 구조모델분석에서 여가문화활동에 대한 동기가 강화될수록 여가문화활동에 대한 참여가 높아지며, 여가문화활동에 대한 참여가 높을수록 삶의 만족도가 높아지고 있다고 밝히고 있다.

지금까지 선행연구에 대하여 검토하여 본 결과 장애인의 QOL에 대한 연구는 다양한 주제로 많은 연구가 이루어지고 있지만 본 연구의 주요변수인 뇌성마비장애인에 대한 QOL과 사회적 인식, 여가문화활동에 대한 연구는 매우 부족하다. 그러나 다른 장애인과 비장애인을 대상으로 한 연구들에서 사회적 인식과 여가문화활동과의 QOL과의 영향관계를 예측하여 볼 수 있다.

이하에서는 사회적 인식과 여가문화활동을 중심으로 뇌성마비장애인의 QOL에 미치는 영향을 분석함으로써 뇌성마비장애인의 QOL 향상을 위한 정책제언의 기초자료를 제시하고자 한다. 이러한 연구목적을 달성하기 위하여 연구문제는 다음과 같다.

첫째, 뇌성마비장애인이 자각하는 사회적 인식은 QOL에 영향을 미치는가?

둘째, 뇌성마비장애인의 여가문화활동참여(대중매체, 운동관련, 여행관련, 취미관련, 외식관련, 시민단체활동 관련)는 QOL에 영향을 미치는가?

02 뇌성마비장애인의 사회적 인식과 여가문화활동이 QOL에 미치는 영향

1. 뇌성마비장애인의 사회적 인식과 여가문화활동이 QOL에 미치는 영향에 대한 연구방법

1) 연구모델

이하에서는 사회적 인식과 여가문화활동을 중심으로 뇌성마비장애인의 QOL에 미치는 영향을 살펴보고자 하였다. 독립변수로는 뇌성마비장애인이 자각하고 있는 사회적 인식과 여가문화활동(대중매체, 운동관련, 여행관련, 취미관련, 외식관련, 시민단체활동 관련)을 선정하였고, 종속변수로는 QOL(신체적 건강, 심리적 건강, 사회적 관계, 환경, 기타)을 선정하여 변수들 간의 관계를 분석하였다. 또한 인구사회학적 속성 중 위계적 회귀분석에 사용할 통제변수는 평균값에 차이가 있는 성별, 학력, 결혼상태, 동거인상태, 국민기초생활수급, 취업상태, 장애등급을 통제변수로 선정하여 더미화하였다. 본 연구의 연구모델은 다음과 같다.

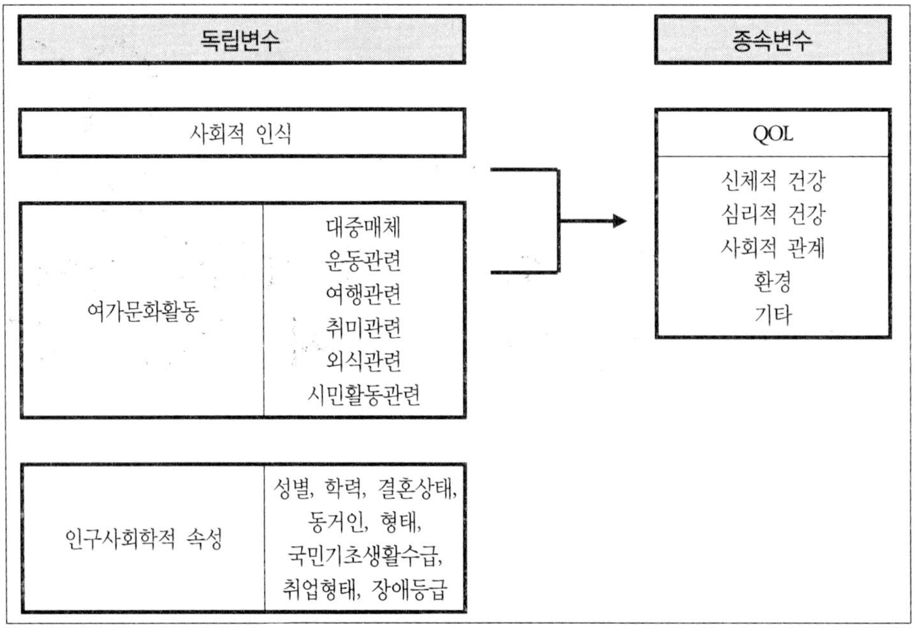

[그림 4-1] 연구모델

2) 자료 및 연구대상

조사 자료 및 연구대상은 Part 1, Chapter 2의 3을 참조.

3) 변수 및 측정도구

(1) 독립변수: 사회적 인식과 여가문화활동

사회적 인식은 백은령(2003)의 연구에서 사용한 장애인이 자각하는 장애인에 대한 사회적 인식을 사용하였다. 백은령(2003)은 Link et al.(1989)가 장애인이 자각한 사회적 인식을 측정하기 위해 사용한 자각된 스티그마 척도(perceived stigma scale : pss)를 사용하였다. Link et al.(1989)은 정신장애인들을 대상으로 '자각된 스티그마 척도'를 개발하였으며, 이는 "장애인들이 사회적 가치절하와 차별적 대우를 받고 있다고 자각하고 있는 정도"라고 정의할 수 있다. 이 '자각된 스티그마 척도'는 총12개의 문항으로 이루어져 있으며, 6점 척도로 긍정적인 문항 6개와 부정적인 문항 6개로 구성되어 있다. 백은령(2003)은 이 12개의 문항 중에서 지체장애인에게 적합하지 않다고 판단되는 문항을 제외하고 수정·보완하여 긍정적 문항 5개와 부정적 문항 5개로 총10문항을 구성하고 5점 척도로 측정하였다. 본 연구에서는 Link et al.(1989)의 척도를 백은령(2003)이 수정·보완한 척도를 사용하였으며, 사회적 인식과 관련된 부정적 질문(4, 5, 7, 9, 10)은 역코딩하여 역점수를 환산하였다. 응답범주는 '전혀 그렇지 않다'=1, '대체로 그렇지 않다'=2, '보통이다'=3, '대체로 그렇다'=4, '매우 그렇다'=5로 점수가 높을수록 뇌성마비장애인이 자각하는 사회적 인식이 '긍정적이다'라는 것을 의미한다. 본 연구에서 사회적 인식에 대한 신뢰도 즉 Cronbach alpha 계수는 .608로 나타났다.

여가문화활동은 뇌성마비장애인의 여가문화활동에 해당하는 장소와 도구의 활용, 활동을 의미하며, 활동에 참여정도를 측정하였다. 대중매체 관련(신문, 잡지보기, 독서, TV시청, 라디오, 청취, 컴퓨터, 바둑/장기, 영화보기), 운동관련(걷기, 산책, 달리기, 조깅, 자전거타기, 구기종목, 등산, 수영), 여행관련(국내·외 여행, 온천, 드라이브, 낚시, 캠핑), 취미관련(그림그리기, 노래부르기, 음악감상, 연주, 동식물키우기, 서예, 악기연주), 외식관련(식당-외식, 놀이시설, 주말농장), 시민단체활동 관련(친목단체, 사회단체, 정치단체, 자원봉사참여) 등 6개 문항으로 5점 척도로 측정하였다. 응답범주는 '전혀 그렇지 않다'=1, '대체로 그렇지 않다'=2, '보통이다'=3, '대체로 그렇다'=4, '매우 그렇다'=5로 점수가 높을수록 뇌성마비장애인이 여가문화활동에 참여가 많은 것을 의미한다. 본 연구에서 여가문화활동에 대한 신뢰도 즉 Cronbach alpha 계수는 .726으로 나타났다.

(2) 종속변수 : QOL

뇌성마비장애인의 QOL은 민성길·이창일·김광일·서신영·김동기(2000)가 세계보건기구(WHO)에서 개발한 WHOQOL-BREF를 이용하여 한국판으로 개발한 세계보건기구 QOL 간편형 척도를 이용하였다. 이 척도는 QOL에 대하여 5가지의 하위척도(신체적 건강: 7문항, 심리적 건강: 6문항, 사회적 관계: 3문항, 생활환경: 8문항, 기타 전반적 QOL; 2문항)의 총 26문항으로 구성되어 있으며, 5점 척도로 구성되어 있다. 응답범주는 '전혀 아니다=1점'에서 '매우 그렇다=5점'을 측정하였다. 부정적 질문인 3, 4, 26번 문항은 '전혀 아니다=5점'에서 '매우 그렇다=1점'으로 역코딩하여 환산하였다. 점수가 높을수록 QOL 척도가 높다는 것을 의미한다. 본 연구에서 QOL에 대한 Cronbach alpha 계수는 .904로 나타났다.

(3) 통제변수 : 인구사회학적 속성

인구사회학적 속성은 Part 1, Chapter 2의 3을 참조.

4) 분석방법

뇌성마비장애인의 QOL에 영향을 미치는 사회적 인식과 여가문화활동의 영향의 분석을 위하여 본 연구는 SPSS 22.0 프로그램을 활용하였다. 먼저 조사대상의 인구사회학적 특성을 검토하기 위하여 빈도분석을 실시하였으며, 주요 변수들 간의 특성과 관련성을 파악하기 위하여 기술통계분석, 상관관계분석을 실시하였다. 다음으로 본 연구의 주제인 사회적 인식과 여가문화활동이 뇌성마비장애인의 QOL에 미치는 영향을 분석하기 위하여 위계적 회귀분석을 실시하였다.

2. 뇌성마비장애인의 사회적 인식과 여가문화활동이 QOL에 미치는 영향 연구결과

1) 연구대상자의 인구사회적 특성

연구대상자의 인구사회학적 특성은 Part 1, Chapter 2의 3을 참조.

2) 주요변수의 기술통계

주요변수들의 기술통계의 값은 <표 4-1>과 같다. 사회적 인식의 총합 평균값은 2.81이며, 사회적 인식 중 평균값이 높게 나타난 순으로는 '장애인도 비장애인만큼 가치있다고 믿는다' 3.08, '장애인을 가까운 친구로 받아들일 것이다' 3.08, '고용주들은 직종에 적합하다면 장애인을 고용할 것이다' 3.04, '학교에서 학생을 가르치는 선생님으로 받아들일 것이다' 3.03의 순이다.

여가문화활동의 총합 평균값은 3.06이었으며, 접근성이 가장 높은 것은 '대중매체관련' 3.99로 가장 높았으며, 다음이 '취미관련' 3.21으로 나타났다. 나머지는 '대체로 안한다'에 가까운 '외식관련' 2.96, '운동관련' 2.91의 순으로 나타났다. 가장 낮게 나타난 것은 '여행관련'이 2.40으로 나타났다.

QOL의 총합 평균값은 3.09이며, '심리적 건강' 3.19, '신체적 건강' 3.13의 순으로 나타났다. 가장 낮은 것은 '사회적 관계' 2.86이었다.

〈표 4-1〉 주요변수의 기술통계

변수		최소값	최대값	평균	표준 편차
사회적 인식	장애인을 가까운 친구로 받아들일 것이다	1.00	5.00	3.0802	1.16968
	장애인도 비장애인만큼 가치있다고 믿는다	1.00	5.00	3.0833	1.18132
	학교에서 학생을 가르치는 선생님으로 받아들인다	1.00	5.00	3.0340	1.15196
	장애를 개인의 문제로 느낀다	1.00	5.00	2.8426	1.12799
	장애인을 낮게 평가할 것이다	1.00	5.00	2.5309	1.09980
	고용주는 직종에 적합하다면 장애인을 고용할 것이다	1.00	5.00	3.0401	1.22976
	고용주는 장애인을 서류전형에서 제외할 것이다	1.00	5.00	2.5062	1.14165
	내가 살고 있는 지역사람들은 장애인을 똑같이 대우 한다	1.00	5.00	2.9877	1.07886
	젊은 여성은 장애인과 데이트하기를 꺼린다	1.00	5.00	2.3920	1.22059
	장애인들 의견은 덜 중요하게 받아들일 것이다	1.00	5.00	2.6265	1.05545
사회적 인식 총합 평균		1.00	4.20	2.8123	.53915
여가 문화 활동	대중매체관련	1.00	5.00	3.9907	1.08318
	운동관련	1.00	34.00	2.9105	2.23011
	여행관련	1.00	5.00	2.3981	1.17986
	취미관련	1.00	5.00	3.2136	1.34240
	외식관련	1.00	5.00	2.9660	1.24745
	시민단체활동 관련	1.00	5.00	2.8920	1.42861
여가문화활동 총합 평균		1.00	8.33	3.0614	.95486
QOL	신체적건강	1.00	5.00	3.1327	.66044
	심리적건강	1.13	5.00	3.1921	.70322
	사회적관계	1.00	5.00	2.8591	.79970
	환경	1.00	5.00	3.0405	.69978
	기타	1.00	5.00	2.9907	.93682
QOL 총합 평균		1.23	4.65	3.0929	.60496

3) 주요변수의 상관관계

주요변수들 간의 관련성을 검토하기 위하여 Pearson 적률상관관계 계수를 검토하였으며, <표 4-2>에서 보는 것처럼 주요 변수간의 상관관계 값이 .8이하로 나타났다. 또한 다중공선성의 지표가 될 수 있는 분산팽창계수(VIF)값이 10이하였고 공차(tolerance)가 1 미만이므로 변수간의 다중공선성의 문제는 크지 않은 것으로 나타났다. 변수들 간에 모두 유의미한 상관관계로 정(+)적인 상관관계를 보였다. 주요변수 간의 상관관계는 <표 4-3>과 같다.

〈표 4-2〉 주요변수 간의 상관관계

	사회적 인식 평균	여가문화활동 평균	QOL 평균
사회적 인식	1		
여가문화활동	.168**	1	
QOL	.322**	.432**	1

*. $p< 0.5$, **. $p< 0.1$

본 연구의 주요 하위변수 간의 상관관계는 <표 4-3>과 같다.

〈표 4-3〉 주요 하위변수 간의 상관관계

	사회적 인식평균	대중 매체	운동 관련	여행 관련	취미 관련	외식 관련	시민단체 활동관련	신체적 건강	심리적 건강	사회적 관계	환경	기타
사회적 인식 평균	1											
대중매체	.079	1										
운동 관련	.093	.166**	1									
여행 관련	.125*	.231**	.303**	1								
취미 관련	.154**	.396**	.234**	.342**	1							
외식 관련	.110*	.359**	.288**	.550**	.459**	1						
시민단체 활동관련	.124*	.361**	.222**	.409**	.446**	.512**	1					

	사회적 인식평균	대중 매체	운동 관련	여행 관련	취미 관련	외식 관련	시민단체 활동관련	신체적 건강	심리적 건강	사회적 관계	환경	기타
신체적 건강	.271**	.234**	.152**	.252**	.292**	.202**	.191**	1				
심리적 건강	.279**	.196**	.134*	.163**	.301**	.180**	.232**	.609**	1			
사회적 관계	.211**	.211**	.085	.212**	.249**	.151**	.288**	.473**	.529**	1		
환경	.262**	.282**	.226**	.352**	.350**	.309**	.278**	.678**	.598**	.542**	1	
기타	.286**	.197**	.180**	.240**	.318**	.243**	.251**	.608**	.659**	.350**	.629**	1

*. $p<$ 0.5 , **. $p<$ 0.1

4) 뇌성마비장애인의 사회적 인식과 여가문화활동이 QOL에 미치는 영향

뇌성마비장애인의 QOL에 영향을 미치는 사회적 인식과 여가문화활동에 대하여 분석하기 위하여 사회적 인식과 여가문화활동을 단계적으로 투입하는 위계적 회귀분석을 실시하였다. 1단계에서는 통제변수인 인구사회학적 속성(성별, 학력, 결혼상태, 동거인형태, 국민기초생활수급여부, 취업형태)을 투입하였다. 2단계에서는 사회적 인식을 투입하였으며, 3단계에서는 사회적인식과 여가문화활동의 하위변수(대중매체, 운동관련, 여행관련, 취미관련, 외식관련, 시민단체활동 관련)를 투입하였다. 각 단계별 분석결과를 보면 <표 4-4>와 같다.

1단계에서는 인구사회학적 속성인 통제변수를 투입한 결과 뇌성마비장애인의 QOL에 대하여 14.0%의 설명력을 보였다. 이는 F검증(F=7.345, p=000)을 통해 볼 때 통계적으로 유의미하였다. 뇌성마비장애인의 QOL에 유의미한 영향을 미치는 요인으로는 성별(β=.129, p<.05), 취업상태(β=.-290, p<.001), 장애등급(β=.130, p<.05)으로 나타났다. 이는 성별에 있어서 남성이 여성에 비하여, 장애등급에서는 2등급 이상이 QOL이 높다는 것을 의미한다. 반면 취업상태에서는 비취업자(β=.-290, p<.001)가 취업자에 비하여 QOL이 낮다는 것을 의미한다.

2단계에서는 인구사회학적 속성을 통제한 후 뇌성마비장애인이 자각하고 있는 사회적 인식을 투입하였다. 그 결과 뇌성마비장애인의 QOL에 대한 설명력은 20.3%였다. 이는 F검증(F=10.001, p=000)을 통해 볼 때 통계적으로 유의미하였으며, 1단계에 비하여 6.3% 더 설명력이 증가하였다. 뇌성마비장애인의 QOL에 유의미한 영향을 미치는 요인으로는 취업상태(β=.-247, p<.001), 사회적 인식(β=.288, p<.001)으로 나타났다. 2단계를 통해 볼 때 뇌성마비장애인이 사회적 인식을 긍정적으로 인식할수록 QOL을 높게 인식한다는 것을 의미하며, 1단계와 마찬가지로 비취업자가 취업자에 비하여 QOL이 낮은 것을 의미하며 부적(-) 상관관계를 나타냈다. 반면 1단계에서 유의미하였던 성별은 2단계에서는 유의미한 영향을 미치지 않았다.

3단계에서는 인구사회학적 속성을 통제한 후 사회적 인식에 여가문화활동의 하위변수인 대중매체, 운동관련, 여행관련, 취미관련, 외식관련, 시민단체활동 관련을 추가로 투입하였다. 투입한 결과 설명력은 55.9%로 2단계에 비하여 35.6% 증가하였다. 이는 F검증(F=10.014, p=000)을 통해 볼 때 통계적으로 유의미하였다. 뇌성마비장애인의 QOL에 유의미한 영향을 미치는 요인으로는 취업상태(β=.-149, p<.01), 사회적 인식(β=.246, p<.001), 대중매체(β=.074, p<.05), 여행관련(β=.064, p<.05), 취미관련(β=.073, p<.001)으로 나타났다. 이는 뇌성마비장애인이 취업자일수록, 긍정적인 사회적 인식을 가질수록, 여가문화활동을 많이 할수록 QOL이 높아진다는 것을 의미한다. 영향력의 크기는 대중매체, 취미관련, 여행관련의 순이다. 특히 뇌성마비장애인이 자각하는 사회적 인식의 영향력이 가장 크고 유의미한 것으로 나타났다.

〈표 4-4〉 뇌성마비장애인의 사회적 인식과 여가문화활동이 QOL에 미치는 영향 (N=330)

		1단계				2단계				3단계			
		B	β	t	VIF	B	β	t	VIF	B	β	t	VIF
통제변수	성별	.129*	.103	1.936	1.033	.111	.089	1.736	1.036	.106	.084	1.725	1.067
	학력	-.109	-.079	-1.392	1.171	-.109	-.079	-1.449	1.171	-.024	-.017	-.328	1.219
	결혼상태	.094	.059	1.078	1.113	.067	.042	.793	1.118	.019	.012	.234	1.167
	동거인 형태	.047	.035	.614	1.161	.038	.028	.510	1.162	-.016	-.012	-.229	1.223
	국민기초생활수급	.111	.092	1.505	1.376	.100	.083	1.405	1.378	.067	.055	.972	1.449
	취업형태	-.290***	-.233	-4.046	1.224	-.247***	-.199	-3.541	1.243	-.149**	-.120	-2.202	1.329
	장애등급	.130*	.106	1.960	1.074	.098	.079	1.516	1.086	.103	.084	1.665	1.135
사회적 인식						.288***	.256	4.974	1.051	.246***	.220	4.507	1.065
여가문화활동	대중매체									.074*	.132	2.435	1.318
	운동관련									.004	.017	.318	1.224
	여행관련									.064*	.125	2.122	1.550
	취미관련									.073***	.161	2.742	1.547
	외식관련									-.003	-.005	-.083	1.904
	시민단체활동관련									.031	.074	1.209	1.674
상수값		3.071				2.290				1.577			
R^2		.140				.203				.559			
Adj R^2		.121				.182				.313			
F		7.345***				10.001***				10.014***			

*. $p < 0.5$, **. $p < 0.1$, ***. $p < 0.01$

※ 더미변수를 처리한 결과, 기준집단으로 성별(여=0,남=1),학력(무학/초졸/중졸/전문대졸/대졸이상=0, 고졸=1). 결혼상태(기혼/이혼/사별=0, 미혼=1), 동거상태(혼자/배우자와 함께/ 형제/가족과 함께/기타=0, 부모와 함께=1), 기초생활수급(수급자=0, 비수급자=1), 취업상태(전일제/시간제/구직 중/ 구직의사없음=0, 취업불가능=1), 장애등급(2급/3급/4급/5급이상=0, 1등급=1).

03

소 결

본 연구는 뇌성마비장애인이 자각하고 있는 사회적 인식과 여가문화활동을 중심으로 뇌성마비장애인의 QOL에 미치는 영향을 분석하여 보고자 하였다. 본 연구에 대한 결과의 요약과 이를 바탕으로 하여 뇌성마비장애인의 QOL을 높이기 위한 실천방안에 대한 제언은 다음과 같다.

첫째, 본 연구 대상자의 인구사회학적 속성을 보면 신체적으로 취업불가능한 상태, 무직이 가장 많으며, 월평균소득이 50만원 미만이 가장 많았다. 국민기초생활수급자의 경우는 기초생활수급자가 아닌 경우가 더 많은데 비수급자의 경우는 부양의무자의 조건에 의해 선정되지 못한 경우가 많은 것으로 예측된다. 따라서 본 연구의 대상인 뇌성마비장애인 다수가 취업이 불가능하거나 무직, 최저임금에도 못미치는 임금수준에서 생활하고 있는 것으로 보아 다수의 뇌성마비장애인의 경제적인 QOL을 높이기 위한 제도적 지원이 필요하다.

둘째, 기술통계의 결과 사회적 인식에 있어 대부분 평균값이 낮았으며, 가장 높은 수준으로 '보통이다'에 가까운 값이었으며, 대부분 부정적으로 인식하고 있는 것으로 나타났다. 따라서 뇌성마비장애인이 자각하는 사회적 인식을 높이기 위해서는 실제로 그들이 접하는 환경을 개선하고, 보다 많은 사람들이 뇌성마비장애인과 함께 할 수 있는 기회 제공을 통하여 사회적 인식을 높이는 것이 필요하다. 또한 환경개선과 아울러 뇌성마비장애인들이 많이 이용하고 있는 장애인복지관, 장애인자립지원센터 등에 장애관련 역량강화 프로그램 등의 실시를 통하여 부정적인 사회적 인식을 완화하는 것이 필요하다.

셋째, 기술통계의 결과를 보면 실내에서 가능한 것 보다 실외에서 가능한 것의 대부분 평균값이 낮아 '보통이다'에 가까운 값이었다. 특이 여행관련 활동이 가장 낮게 나타났다. 사회참여를 높이는 것은 뇌성마비장애인의 QOL을 높이는 지표 중의 하나이다. 뇌성마비장애인의 사회참여활동을 높이기 위해서는 실내에서 가능한 것도 중요하지만 실외에서 가능한 활동이 보다 활발하게 이루어 질 수 있도록 뇌성마비장애인의 장애의 특성에 따른 맞춤형 지원이 필요하다.

넷째, QOL에 대한 기술통계를 보면, 대부분 '보통이다'이하로 나타났으며, 사회적 관계와 관련된 QOL이 가장 낮게 나타났다. 따라서 전반적으로 뇌성마비장애인의 QOL을 높이는 것이 필요하며, 친구로부터의 지원, 인간관계 등 사회적 관계와 관련된 QOL을 높이기 위한 지원이 필요하다.

다섯째, 주요변수들 간의 상관관계 결과, 뇌성마비장애인들이 긍정적인 사회적 인식을 가질수록, 여가문화활동을 많이 할수록, QOL을 높게 인식하고 있는 것으로 나타났다. 따라서 뇌성마비장애인의 QOL을 높일 수 있도록, 긍정적 사회적 인식을 가질 수 있도록 하는 사회적 지지와 여가문화활동을 활발하게 할 수 있도록 하는 지원이 필요하다. 실제로 이지수(2011)의 연구는 여가문화활동이 장애인들이 겪는 차별경험과 같은 부정적 사회적 인식을 완화시키는 효과가 있다고 하였다.

여섯째, 위계적 회귀분석을 실시한 결과 장애가 경증일수록 취업자일수록 QOL이 높은 것으로 나타났다. 물론 경증, 취업을 한 뇌성마비장애인에 대한 지원도 필요하지만 좀 더 중증장애인과 비취업장애인에 대한 QOL을 높이기 위한 지원도 필요하다.

일곱째 뇌성마비장애인이 여가문화활동을 많이 할수록 QOL이 높아지는 것으로 나타났다. 영향력의 크기는 대중매체, 취미관련, 여행관련의 순이었다. 이는 여가생활이 중요하다고 인식할수록 QOL이 높아진다는 정영숙 · 신은주(2011)의 연구결과와 일치한다. 또한 여가문화활동에 대한 참여가 높을수록 삶의 만족도가 높아진다는 김경식 · 전형상 · 김재운(2010)의 연구결과와도 일치한다. 따라서 뇌성마비장애인의 QOL을 높이기 위한 정책을 모색하기 위해서는 여가문화와 관련된 활동들이 더 활발하게 이루질 수 있도록 다양한 프로그램의 개발과 이러한 활동이 가능할 수 있도록 접근성을 높이기 위한 편의시설 설치 및 개선, 자원봉사자 등의 인적자원 개발이 필요하다.

끝으로 본 연구의 논의를 중심으로 현실적이고 구체적인 지원방안에 대한 모색과 실천이 필요하다.

05

뇌성마비장애인의 여가문화활동과 QOL에 대한 질적 연구

01 뇌성마비장애인의 여가문화활동

최근 우리 사회의 경제성장과 생활수준의 향상으로 인해 개인의 문화 및 여가문화활동의 욕구에 관한 사회적 관심이 증대되고 있으나, 현실적으로 시행되고 있는 대부분의 여가문화활동의 물리적, 환경적 여건은 주로 비장애인을 대상으로 하고 있어, 장애인을 포함한 사회적 약자의 여가문화활동 욕구를 충족시키기에는 한계가 있다(남현주 · 이현지, 2017: 122).

여가는 성장, 행복, 긍정적인 삶에 필수적인 요소로, 여가문화활동은 개인의 건강과 QOL을 향상시킨다(Iwasaki, 2007; 2008). 이보미(2016)는 "여가에서 얻는 의미는 부정적 편견이나 사회적 차별로 인하여 의미 있는 활동이나 소속(예: 교육적, 공동체적, 직업적)에서 제외될 수 있는 사람들에게 더욱 긍정적인 영향을 미치고 있는 것으로 보고되었다"고 하였다.

Carruthers & Hood(2004)는 여가문화활동이 주는 의미있는 삶의 8가지 강점으로 자신감, 긍정적 관계, 자율성, 몰입, 정체성, 낙관성, 몰입, 긍정적 감정, 타인에 대한 봉사를 들고 있으며, Gladwell, N. J. & Bedini, L. A.(2004)는 장애인에게 여가문화활동은 많은 제한이 따르지만 비장애인들 못지않게 여가문화활동에 대한 욕구와 필요가 강하다고 하였다.

장애인에게 여가문화활동은 장애로 인해 받을 수 있는 다양한 제한 및 스트레스로부터 심리적으로 위축된 마음을 평정하고 회복하는 데 도움을 줄 뿐만 아니라 삶에 건강한 동기를 부여하기 때문에 장애인의 여가문화활동에 대한 관심이 높아지고 있다. 장애인에게 여가문화활동은 타인과의 관계를 증진하고 사회성을 기르며 장애로 인한 사회적 고립과 심리적 위축에서 벗어나 타인과 자신에 대한 신뢰감을 형성하는 데 도움을 주는 활동이다(정영숙, 2011: 94-96).

이러한 장애인의 여가문화활동은 TV시청이나 컴퓨터 인터넷 사이트 검색하기가 대부분으로 여가프로그램에 대한 운영계획이 없다면 실질적으로 장애인들이 다양한 여가문화활동을 즐기는 것은 어려운 일이다(강연수, 2013: 175). 김한철(2004)은 장애인에게 여가문화활동은 "첫째, 장애인은 여가문화활동을 통하여 비장애인과 어울릴 수 있다. 특히 중증 장애인들에게 여가문화활동은 정상적인 여가문화활동에 참여하고 기술을 습득할 기회를 제공한다. 둘째, 무의미한 시간(dead time)을 줄이며, 다양한 환경에서 발생하는 여가문화활동은 이웃과 지역사회에 대한 참여기회를 증가시킨다. 셋째, 여가문화활동은 모든 연령대에 걸쳐 신체적 및 정서적으로 유익하며, 창의적인 활동을 촉진한다. 넷째, 장애인과 비장애인 사이의 상호작용, 사회성, 의사소통 등의 행동을 학습할 기회를 제공하며, 부적절한 행동을 감소시킨다. 다섯째, 직업기회를 증가시키고 부모, 교사, 지역사회의 협력을 촉진하는 등 여러 측면에서 영향을 미친다." 고 하였다.

이렇게 장애인의 여가문화활동이 QOL에 미치는 영향에 대하여 검증한 연구로는 장애인의 여가문화활동이 삶의 만족에 영향을 미친다는 김선규, 이한선(2010), 여가생활의 중요성이 QOL에 가장 큰 영향을 미친다는 정영숙 · 신은주(2011), 여가문화활동이 사회회적 적응기술의 획득과 QOL에 관한 인식을 증진시킨다는 박영준 · 심경순(2013), 신체적, 심리적 QOL에 영향을 미친다는 King et al.(2014)의 연구 등 비교적 많은 연구가 이루어지고 있다.

장애인의 QOL과 여가문화활동과 관련한 선행연구를 검토하면, 정영숙(2011)은 지체장애 대학생의 여가생활 실태를 분석한 연구에서 지체장애 대학생들의 주된 여가생활 장소는 학교이며, 여가생활 대상은 친구인 비율도 높지만 혼자 여가생활을 하는 비율도 높다고 하였다. 또한 여가생활의 주된 목적은 즐거운 시간, 인간관계 형성, 스트레스 해소 등이며, 여가생활 유형은 주로 인터넷이나 대중매체를 이용하고 있다고 하였다.

임민식(2012)은 장애인의 여가문화활동이 QOL에 중요한 영향을 미치지만 또 다른 스트레스로 다가올 수 있다고 하며, 청각장애인의 여가활용실태에 대한 연구에서 청각장애인들은 다양한 여가문화활동에 참여하고 있으나 가장 여가문화활동의 장애가 되는 것은 의사소통의 어려움이라고 하였다. 이 의사소통의 어려움이 스트레스를 가중 시키는 요인이 되기도 하므로 여가문화활동을 지원하기 위한 수어통역의 필요성 및 영화, TV, 뮤지컬 등의 경우 자막 등 원활한 의사소통을 위한 지원이 필요하다고 하였다.

정연수(2013)는 직업재활시설의 중증장애인의 여가문화활동에 대한 연구에서 중증장애인에게 여가는 즐겁고 쉴 수 있는 일, 타인과 교제할 수 있도록 하는 일, 미래에 희망을 주는 일 등의 의미를 가진다고 하였다. 남현주 · 이현지(2017)는 장애인의 여가문화활동 참여와 관련하여 여가만족, QOL 간의 관계를 분석한 결과, 장애인의 여가문화활동 참여는 QOL에 정적으로 유의미한 영향을 미친다고 하였다. 구체적으로는 여행관련활동, 체육관련활동, 사회참여활동, 문화예술활동 등과 관련된 여가문화활동이 QOL에 영향을 미친다고 하였다. 반면 정적 여가문화활동과 오락여가문화활동은 QOL에 유의미한 영향을 미치지 않는다고 하였다. 즉, 적극적으로 타인과의 교류나 동적이며 신체적 활동이 많은 여가문화활동들이 더 QOL을 증진시키는 반면 신문읽기, TV시청, 독서와 같이 혼자서 활동할 수 있는 여가문화활동들은 실제로 참여 수준은 높지만 QOL에 영향을 못 미쳐 만족감을 주지 못한다고 분석하였다. 나아가 실질적으로 여가문화활동이 장애인의 QOL을 높이기 위해서는 여가문화활동을 통해 타인과의 의사소통을 촉진하고 관계를 형성하여 지역사회 적응을 향상시킬 수 있는 여가문화활동 개입모델의 개발이 필요하다고 하였다. Rudnick(2005)도 영화관람과 독서 등 혼자서 즐기는 여가문화활동보다도 가족 및 친구 등의 다른 사람들과 서로 상호작용하는 동호회와 같은 단체모임, 스포츠 활동 등이 더 QOL을 높인다고 하였다.

이러한 연구에도 불구하고 실제로 뇌성마비장애인을 대상으로 QOL과 여가문화활동을 분석한 연구는 유영미(2011), 정일교(2015) 이외는 거의 이루어지지 않고 있다. 유영미(2011)는 학령기 뇌성마비 아동은 사회적 활동에 참여를 많이 할수록, 다양한 비형식적 활동에 많이 참여할수록 여가문화활동에 많이 참여할수록 QOL이 향상된다고 하였다. 특히 QOL에 많은 영향을 미치는 변수는 사회적 활동의 강도와 비형식적 활동의 다양성이라고 하였다. 여가활동의 유형에서는 레크리에이션 활동에 가장 많이 참여하였고 다음으로 사회적 활동, 자기개발활동, 기술기반활동, 신체적 활동 순으로 나타난다고 하였다.

정일교(2015)는 성인 뇌성마비장애인을 대상으로 여가문화활동에 많이 참여할 수 있도록 QOL이 높아진다고 검증하며, 뇌성마비장애인의 QOL은 높이기 위한 정책으로 여가문화활동과 관련된 활동들이 활발하게 이루어 질 수 있도록 다양한 프로그램의 개발과 접근성을 높이기 위한 방안을 강조하고 있다. 또한 정일교(2017)의 연구에서는 생태체계변수 중 여가문화활동이 뇌성마비장애인의 QOL 향상에 가장 중요한 요인이라고 분석하였다.

그러나 유영미(2011), 정일교(2015)의 연구는 뇌성마비장애인의 QOL과 여가문화활동의 관련성에 대한 검증을 하였지만 실제적으로 뇌성마비장애인들의 여가문화가 삶에 어떠한 의미가 있고, QOL 향상을 위한 여가문화에 대한 지원은 어떠한 방향으로 이루어지어야 하는지에 대한 심도있는 논의에는 한계가 있다.

따라서 이하의 연구는 뇌성마비장애인의 여가문화활동에 대한 경험을 질적으로 들여다봄으로써 뇌성마비장애인의 여가문화활동이 뇌성마비장애인의 QOL에 가져오는 변화에 대하여 첫째, '뇌성마비장애인의 여가문화활동이 본인에게 어떠한 의미인가?' 둘째, '여가문화활동 참여 후 그들의 삶이 어떻게 변화되었는가?' 셋째, 'QOL을 향상시키기 위해서는 여가문화활동과 관련하여 어떠한 지원이 필요한가?'의 맥락을 알고자 한다.

이러한 결과는 그동안 이루어지지 않았던 뇌성마비장애인의 여가문화활동에 대하여 보다 깊은 수준의 논의와 여가문화활동 정책에 보다 실제적인 지원방안을 모색하는데 있어 시사점을 제공할 수 있을 것이다.

뇌성마비장애인의 여가문화활동과 QOL에 대한 질적 연구

1. 연구방법 및 절차

1) 자료수집방법

본 연구는 장애인자립지원센터를 이용하는 뇌성마비장애인의 여가문화활동의 경험이 본인에게 미치는 의미를 분석하여 여가문화활동과 관련하여 뇌성마비장애인의 QOL을 개선하기 위한 방안을 탐색하는 것을 목적으로 한다.

이를 위하여 본 연구는 장애인자립지원센터를 이용하는 뇌성마비장애인 중 여가문화활동 참여의 경험과 의미에 대하여 풍부하게 설명을 하여 줄 수 있는 사례를 의도적으로 선정하는 유의미적 표집방법을 활용하였다. 본 연구에 참여하는 연구참여자는 본 연구자 1명(사회복지과 교수)과 장애인자립지원센터를 이용하는 뇌성마비장애인 10명으로, 특히 본 연구에 참여하는 뇌성마비장애인의 선정은 오랜 기간 동안 장애인자립지원센터를 운영하여 왔던 센터장과 실무자로부터 연구주제에 대하여 풍부한 자료를 제공해 줄 수 있는 뇌성마비장애인을 추천받는 세평적 사례표집(reputational case sampling)방법을 사용하였다. 인터뷰는 2017년 6월 20일부터 2017년 8월 20일까지 2개월에 걸쳐 이루어졌으며, 뇌성마비장애인들이 평소 익숙하게 이용하여 편하고 안전하게 느끼는 장소인 장애인자립지원센터에서 연구 참여자들에 연구목적을 설명하고 이에 대한 동의를 얻은 후 심층면접을 실시하였다. 분석에서는 연구참여자들의 익명성을 보장하고 신분을 드러나지 않도록 하기 위하여 'C'로 표시하였다.

〈표 5-1〉 연구 참여자의 일반적 특성

연구참여자	성별	연령	학력	결혼유무	장애급수	장애유형
C1	남	39	전문대졸	미혼	1	경직형
C2	남	45	대졸	기혼	1	혼합형
C3	여	52	대졸	기혼		무정위운동형
C4	여	66	중졸	기혼	1	무정위운동형
C5	남	33	고등학교재학중(방송통신고)	미혼	1	무정위운동형
C6	남	45	고졸	미혼	1	경직형
C7	남	46	중졸	미혼	2	경직형
C8	남	31	고졸	미혼	1	무정위운동형
C9	남	37	고졸	미혼	2	무정위운동형
C10	여	45	고졸	미혼	1	경직형

2) 자료분석

본 연구의 구체적 질문은 첫째, '뇌성마비장애인의 여가문화활동의 경험은 어떠한가?' 둘째, '여가문화활동 참여 후 그들의 삶이 어떻게 변화되었는가?' 셋째, 'QOL을 향상시키기 위해서는 여가문화활동과 관련하여 어떠한 것이 필요한가?'이다. 이에 본 연구는 장애인자립지원센터를 이용하고 여가문화활동을 경험함 뇌성마비장애인을 대상으로 심층면접을 이용한 일반적 질적연구(Generic Qualitative Reaserch)방법을 수행하였다[1]. 일반적 질적 연구는 응용학문인 사회복지학에서 매우 그 활용도가 높으며, 질적 연구 안에서 복잡하게 분화하고 있는 다양한 인식론적 틀에 구애받지 않으면서 사회복지정책과 제도, 실천에 관한 지식을 구축할 수 있는 효율적인 접근방법이다(김인숙, 2016: 101).

질적 연구는 행동의 사회적·문화적 맥락의 특수성에 주의하여 구체적으로 사람들의 살고 있는 의미세계를 연구하는 방법(최종혁, 2009: 34)으로 연구 참여자들의 상황에서 행위, 신념, 의미의 맥락을 이해하는 유용한 도구이다.

질적 연구에서 자료수집과 분석은 선후 관계로 순차적으로 이루어지지 않고 상호보완적으로 이루어지므로 자료수집 후 분석을 하고 부족한 부분을 다시 수집하며, 면담내용을 듣고 녹취록을 통하여 분석하였다. 의미단위를 분석하기 위하여 G1aser & Strauss(1967)이 제시한 지속적 비교(constant comparaision)방법을 사용하였다. 지속적 비교방법은 귀납적 분석을 통해 개념을 정의하고 개념간의 관계를 보며, 서로 다른 개념 및 범주의 유사점 및 차이점, 그리고 한 개념 및 범주가 다른 어떤 개념 및 범주와 어떠한 연관성을 가지는 가 등에 관해 지속적으로 비교하여 가면서 주제를 도출하여 가는 과정을 말한다(유기웅·정종원·김영석·김한별, 2015; 김영천, 2015; 이효선, 2005). 또한 각 사례별로 범주들 간의 연관관계를 도출함으로써 해당 사례에 대한 스토리텔링(story telling)을 구성한 후, 이 과정에서 나온 사례별 분석을 대상으로 이용자들의 경험이 다를 수 있음을 염두에 두고 사례를 간에 공통점과 차이점을 파악하기 위하여 사례 내 분석(within case analysis)과 사례 간 분석(between case analysis)을 병행하였다. 마지막으로 범주도출과 함께 범주들 간의 관계를 찾고, 범주들을 관통하는 핵심범주 및 주제를 도출하였다(하지선·김정현·임정현·김정연, 2017: 153).

1) '일반적 질적연구(Generic Qualitative Reaserch)방법'는 질적 연구의 접근방법과 무관한 연구자의 신념(존재론적, 인식론적 입장)을 명확히 언급하지 않는 연구를 말한다(Snape and Spencer, 2003: 19, 김인숙, 2016: 98 재인용).

2. 뇌성마비장애인의 여가문화활동의 경험

뇌성마비장애인의 여가문화활동에 대한 분석을 통해 도출된 범주는 뇌성마비장애인의 '여가문화활동의 경험 및 변화'와 '여가문화활동과 관련된 제도의 개선'으로 구분할 수 있다. 여가문화활동의 경험과 변화는 뇌성마비장애인의 '현실적인 한계로 여가문화활동은 그림의 떡이다', '장애인의 여가문화활동은 위험하다'는 인식이 있고, 실제로 여행은 '집 나가면 개고생이다'라는 현실에 부딪쳤지만 '비장애인과 함께 어울리게 되었다', 또한 '새로운 정보를 얻고 문제해결의 기회가 되었다', '성취감과 꿈이 생겼다'라는 결론에 이르게 되었다. 또한 여가문화활동과 관련된 제도의 개선은 여가문화활동과 관련하여 '다양한 여가문화활동과 실시횟수, 장소의 증가 필요', '경제적 지원', '활동지원사의 증가', '의사소통개선'과 같이 '현실적 제한을 극복할 수 있는 제도의 개선'이 필요하며 '장애운동을 하고자 함'에 이르게 했다. 결론적으로 범주들의 관계를 통해 도출된 주제는 '여가문화활동을 통하여 성취감과 꿈이 생겼으며, 현실의 제한을 극복하기 위한 장애운동에 대한 동기 생성'이라 할 수 있다.

1) 여가문화활동의 경험과 변화 : '성취감과 꿈이 생김'

(1) 여가문화활동의 경험

① 현실적인 한계로 여가문화활동은 그림의 떡이다

삶에 대한 다양한 가치관을 추구하는 사람들의 증가와 더불어 주5일제 실시는 다양한 형태의 여가문화활동의 발전을 가져왔지만 뇌성마비장애인이 참여할 수 있는 여가문화활동은 매우 제한적이라 할 수 있다. 본 연구의 대상자들도 비장애인들이 하는 많은 여가문화활동에 참여하고 싶어 하지만 신체기능의 한계, 경제적 어려움, 활동지원서비스와 같은 지원제도의 부족으로 실내에서 혼자 할 수 있는 책을 보거나 컴퓨터 강의를 듣고 있으며 외부의 여가문화활동에 한계를 많이 느끼고 있다.

> "운동 외에 노래방, pc방에 가고 싶다. 비장애인들이 갈 수 있는 곳에 가고 싶은데 제한적이다. 못가는 곳이 많다. 경험하고 싶고, 가고 싶은 곳이 많지만 제한이 많다"(C10).
>
> "오로지 집에서 책을 보거나 컴퓨터 강의를 듣는다. … 꿈이 작가이다. 많이 보고, 느끼고 싶은데 제한이 많다. … 일반사람들처럼 하고 싶은 것이 많지만 사회여건이 안된다. … 번지점프를 하고 싶다"(C8).

② 장애인의 여가문화활동은 위험하다

선행연구(Gladwell, N. J., & Bedini, L. A., 2004; 정영숙, 2011; 임민식, 2012; 정연수, 2013; 정일교, 2017 등)의 결과처럼 다양한 여가문화활동은 장애인의 QOL을 향상하는 주요한 요인이라 할 수 있다. 특히 남현주 · 이현주(2017)의 연구에서는 여가문화활동 중 체육관련활동이 가장 큰 영향을 미친다고 하였다. 미국의 자립생활운동가 데종(Gerben DeJong)이 장애인의 '위험을 무릅쓴 행위에 대한 존엄'을 강조하고(정일교, 2014: 38)있는 것처럼 인간은 다양한 경험을 통하여 성숙하여 간다. 뇌성마비장애인이라고 하여 비장애인들이 위험하다고 생각하는 것을 경험하지 못하게 하는 것은 바람직하지 못하다.

> "수상레저 하고 싶다. 스키도 하고 싶다. 그런데 위험하다고 하여 하지 못하게 하고 있다. … 인식이 좋지 않다"(C1).

③ 집 나가면 개고생이다

뇌성마비장애인의 경우 의사소통과 관련된 QOL 영역에서 타인과의 상호작용이 비장애인에 비하여 적으며(정소연 · 임경원 · 김상섭, 2013), 특히 장애로 인하여 자신을 표현하고 의견교류를 통해 상호작용하는 데 어려움이 많다. 또한 장애인의 원활한 여가문화활동이 가능하기 위해서는 편의시설의 설치 등 환경의 보완이 필요하지만 우리사회는 아직 많은 부분에서 장애인에 대한 배려가 부족한 편이다. 김수정(2016)은 전국의 KTX 역사 37개소의 공중이용시설의 편의시설설치 여부를 장애물 없는 생활환경인증제도(2016년 체크리스트)에 따라 평가한 결과 시설구분 14개에서 평균 설치비율은 59%로 조사 되었다. 이 조사는 공공시설에 대한 편의시설 현황임에 불구할 때 민간시설의 편의시설 설치 현황은 더 열악하리라 추정된다.

또한 우리나라에서도 교통약자들의 접근성과 이동권을 보장하기 위하여 교통약자의 이동편의증진법(제2조 제1호)에 근거하여 이미 교통약자에 대한 차별을 금지하고 있지만 아직 많은 부분에서 피해를 받고 있는 실정이다. 이동권의 측면에서 버스, 지하철 등 많은 대중교통 이용에 어려움이 많은 것이 현실이지만 장애인의 항공기 이용이 늘어나는데 휠체어 이용자의 경우 기내에서 본인의 휠체어를 사용할 수 없고 기내용 휠체어를 사용해야만 하지만 몇몇 저비용항공사들은 의무규정이 없다는 이유로 제공하지 않고, 구비하여도 일정한 규격이 명확하게 정해지지 않아 팔걸이가 없는 등 제 각각이어 때로는 위험에 노출되기도 하는 상태이다(황호원 · 조정현, 2016). 이렇게 편의시설이 잘 갖추어지지 않은 상황에서 조사대상자들은 모처럼의 여행에 대하여 집 나가면 개고생이라 느끼고 있었다.

> "한번은 1박2일로 제주도 여행을 다녀왔다. 생각한 것이 "집 나가면 개고생이다"라고 생각했다. 화장실이 제일 불편했고 봉사자와 대화도 힘들었다. 말을 통역해 주는 사람이 필요한 것 같다(늘 옆에서 도와주는 활동지원사가 함께 여행을 하면 좋을 것 같다.)…해외여행을 가고 싶다. 그러나 갈 수 있을까 생각이 안 된다. 제주도에서 너무 힘이 들었다. 공항에서는 어려움이 없었지만 비행기 타고 내리기가 너무 어려웠다."(C5).

(2) 여가문화활동을 통한 변화

① 비장애인과 함께 어울리게 됨

연구대상자들은 처음에는 많은 두려움을 가지고 장애인복지관, 자립생활지원센터 등의 활동에 참여하였지만 점차 비장애인들과 어울리게 되고 벽이 허물어지 것 같다고 느끼고 있었다. 특히 보치아 같은 활동을 하면서 비장애인들과 이야기를 하게 되었고, 장애인 동료 간에도 서로 교류하게 되었으며 영화, 술도 함께 하게 되었다고 하였다. 여가문화활동 이전에는 나 밖에 몰랐는데 비장애인들인 타인을 바라 볼 수 있는 사람으로 바뀌게 되었다고 이야기 하였다. 이러한 결과는 김한철(2004), 정연수(2013)의 연구처럼 여가문화활동은 비장애인들과 함께 어울릴 수 있는 기회를 제공한다.

> "집에 계속 있던 사람이 보치아 후 밖으로 나오게 되었으며 많이 어울리게 되었다. 또한 함께 여기저기 가보게 되었다.
> 혼자 우울한 감정이 없어지게 된다거나 고민을 터놓고 이야기 하게 된다.
> 나이 드신 분들은 초대해서 활동보조인이 음식을 만들어서 같이 먹기도 한다. "(C1).
>
> "재가생활을 하면서 복지관에서 노래교실, 민요교실, 한글교실을 다니면서 사람들과 어울릴 수 있구나 하는 느낌을 가졌다. 지금은 너무 행복하고 즐겁다.
> 여가문화활동을 통해 사람들과 어울릴 수 있구나 하는 생각을 가졌다."(C4).

② 새로운 정보를 얻고 문제해결의 기회가 됨

여가문화활동을 통하여 뇌성마비장애인들은 자신의 이야기를 열심히 하게 되었고 이로 인하여 생긴 자신감은 도움이 필요할 경우 비장애인들에게 자연스럽게 먼저 다가가 도와달라고 요구할 수 있는 용기를 갖게 하였다. 또한 이로 인하여 많은 정보를 얻게 되어 문제를 해결하는 계기가 되었으며, 동료들과 고민을 논의하게 되면서 자연스럽게 자조모임이 형성되게 되었다.

> "문화체육활동은 사람을 모으고, 얘기를 할 수 있으며 고민을 해결하고, 새로운 문제를 발견하면 해결이 가능하고 이것이 반복되면 질이 향상 될 것이다. "(C1).
>
> "즉, 장애인들이 자기 경험을 이야기를 하면서 열심히 해야겠다. 자존감이 상승하는 계기가 된다. … 모르는 정보를 얻을 수 있다."(C1).

"동료들과 영화보러 가자하게 되면 … 동료들과 고민을 논의하게 되어 자연스럽게 상담이 되고 있다. 그래서 자조모임이 생기게 된다. "(C1).

"복지관의 민요교실이 도움이 되었는데 발음이 좋아졌고, 사람들에게 물을 수 있는 용기가 생겼다. 그전에는 사람들이 내 말을 못 알아들을까봐 두려웠는데 지금은 끝까지 물어볼 수가 있게 되었다. 물건을 사고 싶으면 말을 알아들을 때까지 물어보게 되었다."(C4).

③ 성취감과 꿈이 생겼다

뇌성마비장애인들은 평소 자신이 무능력하다고 생각하며 아무것도 할 수없다고 생각하였으나 여가문화활동에 참여하며 메달 등 노력한 결과를 얻게 되자 우리도 할 수 있다는 자신감과 성취감과 더 잘하여 우승을 하고 싶다는 등 꿈이 생겼다고 하였다.

"보치아를 하면서 메달을 따고 꿈이 생겼다. 보치아를 통해서 생활의 활력소가 되면서 꿈이 생겼다. 나는 할 수 있다는 생각이 들었다 … 보통 중증장애인들은 자신이 무능력하다고 생각하는데 우리도 할 수 있다는 것을 처음으로 느꼈다. (C2).

"운동을 하면 마음이 좋아진다. 꼭 해야겠다는 성취감을 느꼈다. 1등을 해보니 할 수 있다는 생각이 들었다. "(C9).

"시설에서 보치아, 론볼을 하였다. 복지관에서 보치아를 하고 있으며 집에서 컴퓨터하는 정도가 여가문화활동이다.

시설에서 짜여진 틀내에서만 가능하였다. 재가활동을 하니 자유시간이 많아 활용할 수 있어서 좋다. 여가문화활동을 통해 느끼는 것은 나도 할 수 있다는 성취감을 가지게 되었다. "(C10).

2) 여가문화활동과 관련된 제도의 개선: '현실적 제한의 극복을 위한 장애운동을 하고자 함'

(1) 여가문화활동과 관련된 제도의 개선

① 다양한 여가문화활동과 실시횟수, 장소의 증가 필요

전반적으로 재가에서 생활하는 뇌성마비장애인의 여가문화활동에 대한 참여가 부족한 현실에서 장애인복지관에서 제공하는 프로그램, 이동을 지원하여 주는 장애인콜택시 등도 부족하여 개인적 선호도에 따라 여가문화활동을 선택할 수 없는 상황이라 할 수 있다. 조사대상자들은 장애인복지관의 프로그램도 자주 참여하고 싶지만 시간대가 맞지 않고 일주일에 1번 정도라 이용을 자주 할 수 없는 아쉬움이 크다고 하였다.

> "댐, 관광지에 자주 가고 싶어도 콜택시가 모자라서 이용하기 어렵다(누가 예약해 놓으면 이용하기 어렵다). … 광역콜이 되어야 한다. 각 시도마다 30대 정도 보유하고 있어야 한다."(C1).
>
> "나는 말을 못했는데 라디오를 통해서 노래를 따라 부르면서 말을 익혔다. … 노래교실을 다니고 싶은데 복지관 시간이 오전이어서 갈수 없다. 오후에 있었으면 좋겠다. 그리고 일주일에 2번 정도 필요하다고 생각한다. … 장애인이 할 수 있는 여가가 없구나 하고 절실하게 느꼈다."(C3).

장애인복지관 이외의 장소들은 장애인을 위해 배려된 장애인석도 형식적으로만 만들어져 실제로 이용에 어려움이 많으며, 제공되는 프로그램도 이용자가 많아 대기시간이 길고 제공되는 서비스시간도 짧아 크게 도움이 되지 않는다고 느끼고 있었다.

> "주로 집에서 컴퓨터하기, 영화관에 가는 것을 좋아한다. 그런데 계단이 많아 장애인석이 뒷좌석에 있으나 계단이 많아 휠체어를 타고서는 이용하기 어렵다. 그래서 맨 앞자리에서는 보는데 고개를 들어야 해서 너무 불편하다. … 여가문화활동을 할 수 있는 곳이 별로 없고 휠체어로 갈 수 있는 곳도 별로 없어서 복지관 이외에는 갈 수가 없다. … 여가문화활동으로 물리치료를 받으러 장애인복지관에 가지만 사람이 너무 많아 이용하기 어렵다. 일반병원에 가니 성인은 안된다고 하는데 그 이유가 어차피 나아지지 않을 것이기 때문에 아동에게 양보하라고 한다."(C4).

"물리치료시간이 너무 짧아 제대로 된 물리치료를 받을 수 없다. 대기자도 많고 기다리는 시간이 길며 치료시간도 짧아 도움이 되지 않는다."(C3).

② 경제적 지원

여가문화활동을 활발하게 하기 위해서는 경제적 여력이 필요하다. 뇌성마비장애인의 경우는 비장애인에 비하여 신체적 기능의 제약으로 보다 편리한 시설과 설비가 필요하다. 그러나 경제적 측면에서는 저소득층이 많으므로 여가문화활동에는 비용에 어려움이 많다. 부부가 장애인경우에는 오히려 받는 수급비가 적어지므로 더욱이 여행과 같은 여가문화활동은 어려워진다.

"돈이 없어 여행을 가지 못하는데 희망은 역사를 좋아해서 광개토대왕비를 보는 것이 희망이다. … 현실적 제약이 있어 어려울 것 같다. "(C6).

"여가문화활동을 위해서는 돈이 필요하다. … 돈이 없어서 여행을 하지 못한다. 장애인이 여행을 가면 싼 여관에 들어가지 못한다. 이유는 시설이 불편하기 때문이다. 그래서 호텔을 이용하게 되면 많은 비용이 든다. 또한 함께 가는 활동지원사 또는 자원봉사자의 비용도 들기 때문에 비용이 많이 들어 여행을 할 수 없다."(C3).

"지금 수급비로 받는 돈이 있는데 본인은 결혼을 하여 두 사람이 장애인이기 때문에 20% 삭감되어 130만원 정도 받고 있어 생활하기도 어렵기 때문에 먹고 살기 어려워 여행을 할 수 없다."(C3).

③ 활동지원사의 증가

장애인활동지원서비스는 2007년 4월 장애인활동보조지원사업 시행으로 장애인복지법상 1급에 해당하는 만 6세 이상의 아동부터 65세 미만의 성인 중 저소득층의 중증장애인을 대상으로 전국적으로 실시하기 시작하였고 2015년 6월부터는 3급의 장애인까지 확대실시하고 있다(보건복지부, 2015). 그러나 현재 주어지는 활동지원서비스 시간만으로는 실외활동, 주말활동 등의 외부활동에 이용하기 어려우며, 더욱이 65세가 넘으면 노인복지서비스의 대상으로 전환되면서 더욱 이용시간 짧아져 여가문화활동에 더욱 참여하기 어려워지고 있다고 하였다.

> "활동지원사들의 보조시간이 짧아 주로 집에서 요리, 씻겨주고, 청소하는 일을 주로 한다. 본인은 노래방, 등 여가문화활동을 하고 싶으나 외부활동을 할 수 없다. … 주말, 실외활동에 대한 활동보조가 필요하다."(C3).
>
> "활동보조가 65세 넘어가면서 활동보조서비스에서 요양보호사로 바뀐다. 그래서 하루에 4시간 정도 도움을 받고 있다. 따라서 여가문화활동을 도와 줄 도우미가 없다. 노인이 되면 집에 있을 수밖에 없기 때문에 여가문화활동을 할 수 없게 된다.
> 주간에 활동을 할 수 있는 도우미의 지원이 필요하다."(C4).

④ **의사소통 개선**

뇌성마비장애인은 자신의 감정이나 의사를 표현하는데 많은 어려움이 있다. 신체를 움직이려고 할 때 나타나는 불규칙한 반사운동으로 인해 필요한 근육에 과긴장이 오거나 얼굴근육이 구겨지는 등 신체반응이 생긴다. 이로 인해 사회적으로 통용되는 구어나 문자는 물론이고 심지어 몸짓이나 얼굴 표정 등의 신체적인 방법으로 의사를 표현하는데도 어려움을 보이기도 한다(이미애 · 전선옥, 2010: 79-98). 조사대상자들도 언어장애로 인한 의사소통에 대한 부담이 커서 의사소통을 잘 하기 위한 제도적 개선에 대한 바람을 표현하였다.

> "언어장애가 있어 자신이 부담이 된다고 생각한다. 지금은 많이 극복하게 되었는데 의사소통 개선되었으면 좋겠다."(C2).
>
> "취미로 보치아를 하거나 낚시를 한다. 낚시를 하게 되면 마음이 편해진다. … 시설에서 10년 생활하다가 나왔는데 재가에서 생활을 하니 자유시간이 많아서 좋다. … 최근 시설에는 발달장애인이 많아져서 서로 소통이 어렵다."(C7).

(2) 장애운동에 대한 동기 생성

연구대상자들은 여가문화활동의 참여를 통하여 현실적 제한을 많이 느끼게 되었다. 특히 이동권, 편의시설, 법규정의 문제점을 지적하였다. 이러한 현실적 어려움을 극복하기 위하여 장애인운동을 해보고 싶다는 생각이 들었고 장애인들을 위한 장애인평생학교를 운영하고 싶다는 생각이 들었다고 하였다.

> "여가문화활동을 잘 하기 위한 전제로 필요한 사항은 이동권이 보장되어야 하고, 편의시설이 잘 되어 있어야 하며, 장애인에 대한 인식의 개선이 필요하다고 생각한다"(C1).
>
> "마음은 많지만 현실적 제한이 너무 많다. 특히 법규정에 문제가 많다."(C2).
>
> "본인은 장애인평생학교를 운영하고 싶다. 공부하고 싶어도 배울 곳이 없다. 한글교실, 검정고시 준비반을 준비하고 있다."(C2).
>
> "현실적인 제약이 많아 이루어질 것 같지 않다고 생각한다. 그래서 장애인운동을 많이 하고 싶다."(C3).

소 결

본 연구는 장애인복지관을 이용하는 뇌성마비장애인의 여가문화활동의 경험이 본인에게 미치는 의미와 여가문화활동 참여 후 삶의 변화에 대하여 분석하여 뇌성마비장애인의 QOL을 개선하기 위한 방안을 모색하고자 하였다.

분석결과, 뇌성마비장애인의 여가문화활동은 현실적인 제한으로 '그림의 떡이다', '위험하다', '집 나가면 개고생이다'라는 현실에 부딪쳤지만 '비장애인과 함께 어울리게 되었다', 또한 '새로운 정보를 얻고 문제해결의 기회가 되었다', '성취감과 꿈이 생겼다'라는 결론에 이르게 되었다. 또한 여가문화활동의 어려움을 극복하기 위하여 '다양한 여가문화활동과 실시횟수, 장소의 증가 필요', '경제적 지원', '활동지원사의 증가', '의사소통개선'과 같은 제도의 개선의 필요성에 대한 인식을 가지고 되었으며, 이를 성취하고자 장애운동을 하고자 하는 동기가 생성되었다.

이러한 본 연구의 분석결과에 근거하여 여가문화활동을 통한 뇌성마비장애인의 QOL 향상을 위한 제언을 하면 다음과 같다.

첫째, 보다 다양한 여가문화활동 프로그램의 실시와 현실적 이용이 가능한 지원방법의 모색이 필요하다. 현재 뇌성마비장애인이 이용할 수 있는 여가문활동은 매우 부족한 현실이므로 여가문화활동에서 소외된 뇌성마비장애인의 접근성을 강화할 수 있는, 뇌성마비장애인의 욕구에 따른 다양한 여가문화활동의 프로그램의 개발이 필요하다. 프로그램의 개발에 있어 무엇보다 중요한 것은 그 프로그램을 실제적으로 참여할 수 있도록 다양한 편의시설의 설치와 이동권의 보장, 이용가능한 시간대의 확대, 뇌성마비장애인에 대한 사회적 인식의 개선이라 할 수 있다.

둘째, 현재 지원되고 있는 복지제도의 포괄적 확대를 통한 경제적 지원이 필요하다. 뇌성마비장애인의 경우, 신체적 기능의 장애로 인하여 비장애인에 비하여 많은 비용이 들지만 대부분 저소득층으로 소득이 낮으므로 여가문화활동에는 많은 어려움이 따른다. 따라서 뇌성마비장애인에게 주어지는 여러 복지제도는 중증장애를 보완하는 보충적인 의미에서 보다 포괄적인 확대와 증액이 필요하다.

셋째, 활동지원서비스 등 뇌성마비장애인의 여가문화활동을 지원할 수 있는 인력의 연계가 필요하다. 현재의 활동지원서비스만으로는 실외활동, 주말활동, 외부활동이 많은 여가문화활동에 도움을 받기에는 많은 한계가 있다. 뇌성마비장애인이 보다 풍요하고 여유로운 여가문화활동을 지원하기 위해서는 활동지원서비스 시간의 확대와 더불어 제도적 연계를 통한 인력의 지원이 필요하다.

넷째, 원활한 의사소통이 진행될 수 있도록 제도적 모색이 필요하다.

뇌성마비장애인의 여가문화활동의 큰 어려움 중의 하나는 타인과의 의소소통이다. 뇌성마비장애인은 자신을 표현하고 의견을 교환하는데 있어 어려움이 많으므로 비장애인과의 의사소통에 제한이 없도록 다양한 의사소통 증진을 위한 제도가 마련되어야 한다. 또한 보완・대체의사소통 도구의 개발과 활용을 통하여 타인과의 의사소통을 촉진하고 관계형성을 위한 방안의 모색도 필요하다.

끝으로, 뇌성마비장애인의 현실적 어려움을 극복하기 위한 장애인 운동에 대한 사회적 지지가 필요하다.

06

뇌성마비장애인의 영성과 QOL

뇌성마비장애인의 영성과 사회적 지지

1. 뇌성마비장애인의 영성과 사회적 지지, QOL의 영향관계

영성은 우리의 공통적 인간성에 관한 문제와 우리가 다양한 환경과 어떻게 관계를 맺을 것인가에 대한 문제를 제기하고 추구한다. 이것은 소수의 관심사나 단지 특정한 집단의 영역이 아니라 우리가 우리 안에서 찾아내고 만들어야 할 의미와 목적이며, 그 복잡한 내용 속에 내재하는 우리의 공통적인 인간성이다(마가렛 할러웨이 · 버나드 모스, 2010, 김용환 · 김승돈 · 정석수 · 정현태 · 오봉희 역, 2014: 236).

영성이 활발하게 논의되게 된 배경 중의 하나는 1999년 세계보건기구(WHO)가 건강에 대한 개념을 재규정하면서 "건강이란 질병이 없는 상태가 아니라 신체적 · 심리적 · 사회적 · 영적 웰빙(Wellbeing)상태"라고 규정하며 영성을 추가하면서 부터이다(장영림, 2014). 영성에 대한 개념은 학자에 따라 개별적이고 주관적으로 정의되고 있어 명확히 구분하여 사용하는 것은 어려운 일이다.

영성에 대한 선행연구들을 검토하면 문헌에서 자주 언급되고 있는 개념으로는 영(Spirit), 영적안녕(Spiritual Well-Being) 영적요구(Spiritual needs), 영적건강(Spiritual health),

영적고뇌(Spiritual distress) 등 다양하게 언급되고 있다. 일반적으로 영성은 종교적 차원에서 주로 언급되면서 종교성(religiosity)과 동일한 것으로 이해되어 왔으나, 최근에는 영성을 종교성을 초월하는 개념 또는 종교성을 포괄하는 개념으로 받아들이는 경향이 우세하다(이경화 · 심은주, 2013: 181).

학자별 영성에 대한 정의를 살펴보면, Conn(1996)은 영성을 초월적인 내적 동인에 의하여 실현되는 인간의 삶 전체를 의미한다고 하였다. Wilber(2000)는 영성이 인간의 본성에 존재하며, 인간의 행동 속에 내재하는 영(spirit in action)과 역동적인 관계에 있다고 하였다. 즉 영은 초월적이면서도 인간존재 안에 내재되어 있는 존재의 근원이다. 이 영과의 관계, 자각으로부터 생기는 영적인 요구들의 발현이 영성이라 할 수 있다. Tanyi(2002)는 영성을 개인의 가치, 선택, 종교적 신념들과 관련하여 삶의 의미와 목적에 대한 개인적인 탐구이며, 이를 통하여 최상의 존재에 이르기 위해 영감과 동기를 부여하며 삶에 의미를 준다고 하였다. 칸다와 포먼(2010)은 영성을 인간존재와 그 문화의 보편적 특질이라 하며, 의미, 목적, 도덕성, 초월, 웰빙의 탐구와 자기자신 · 다른 사람 · 궁극적 실제와의 심오한 관계를 탐구하는 것과 관련된 특질을 의미한다고 하였다(エドワード・R・カンダレオラ・ディッド・ファーマン, 2010/ 2014: 5). Faver(2004)는 인간은 영성을 통해 인격적 통합과 전인적 인간으로 성장하여 감에 따라 더 이상 자기중심적이 아니라 오히려 다른 존재들, 다른 사람들 그리고 존재 자체의 본질과 관련하여 관계를 추구하게 된다고 하였다. 그러므로 영성은 자기초월과 통합이라는 속성으로 말미암아 인간으로 하여금 현재라는 한계와 내적 모순을 극복하고 잃어버린 정체성을 회복하게 해준다(신동민, 2013: 54).

이밖에도 이창진(2013: 5)은 영성을 "상위존재(초월적 가치 혹은 초월적 실체)와의 조화로운 상호작용을 통해 자신과 타인(우주)과 조화를 이루고 삶의 의미와 목적을 경험하게 하려는 영(spirit)의 열망과 그것의 실현을 위한 모든 노력이며 상위존재와의 상호작용의 경험에서 더 크게 발휘되는 힘, 생명력, 내적 통합능력의 총체이다. 영성의 속성은 '초월성', '상호관계성', '내적 통합성', '삶의 의미와 목적'으로 분류된다."

고 하였다.

이러한 영성에 대한 특성으로 Tucker(2010)는 자기에 대한 이해, 의미에 대한 탐구, 상호연결성, 초월성, 관련성, 신성함, 고차원의 능력과의 관계 등을 들고 있으며, Canda(1988, 천정웅, 2010: 25 재인용)는 "① 사람의 가장 깊은 속에 있는 부분이다. ② 개인적 성장과 환경과의 관계를 통하여 표출한다. ③ 사람의 모든 부분들을 통합한다. ④ 의미와 목적을 추구하는 것을 포함한다. ⑤ 모든 존재하는 것들과 사람의 관계를 맺는다. ⑥ 인간의 고통과 소외를 이해하는 방법을 제공한다. ⑦ 매일의 일상적 부분들을 초월적 부분들과 통합한다."라고 제시하였다.

마가렛 할레웨이 · 버나드 모스는 사람들이 믿는 것이 그들의 건강과 웰빙, QOL에 큰 영향을 미친다고 하였다(Margaret Holloway & Bernard Moss, 2010/2014: 149). 한내창(2002)도 인간발달의 관점에서 영성은 대부분 사람들의 QOL에 중요한 영향을 미친다고 하였다. 이는 영성이 삶에 대한 만족도를 높여주고 부정적인 어려움들을 극복하는 동력을 주기 때문이라고 하였다. Saleem & Khan(2015: 173-174)도 영성은 일상적인 스트레스에 대처하는 능력을 갖게 하고, 웰빙을 유지하는 데 기여하며, 스트레스를 완화하는데도 도움을 주며, 긍정적인 영성을 지닌 사람은 자신은 물론 타인, 주변의 환경과도 좋은 관계를 맺는다고 하였다. Brady, Peterman, Fitchett & Cella(1999)는 영성이 개인의 자기정체성의 한계를 극복하는 힘이며, 현실의 어려움과 실존적인 혼란을 극복하도록 도와줌으로써 QOL 향상에 중요한 역할을 수행한다고 하였다. 이렇게 개인의 QOL에 영성이 중요한 영향을 미침에도 불구하고 뇌성마비장애인의 영성과 QOL에 에 대한 연구는 거의 이루어지지 않고 있다.

따라서 뇌성마비장애인의 QOL 향상을 위한 주요한 변수로서 영성과 관련된 QOL 개선을 위한 연구가 필요하다. 즉 뇌성마비장애인의 QOL 향상을 위해서는 신체적, 심리적, 사회적, 환경적 건강도 중요하지만 영적인 존재로서 영성을 포함한 뇌성마비장애인의 QOL에 대한 이해가 필요하기 때문이다.

장애인의 영성과 QOL을 다룬 연구로는 강경순(2013)의 연구가 있다. 강경순(2013)

은 정신장애인을 대상으로 영적안녕과 임파워먼트가 QOL에 미치는 연구에서 정신장애인의 재활서비스의 전략으로 영적인 측면에 대한 사정과 영적안녕 증진 프로그램의 개발이 필요하다고 하였다. 그리고 강경순(2013)이 사용한 척도는 주관적 영적 안녕상태를 측정하기 위한 것으로 신과 같은 초월자와의 관계에서 종교적 안녕과 삶의 의미와 목적, 만족감과 같은 실존적 안녕의 두 개 하위영역으로 구성된 척도를 사용하였다는 점에서 본 연구와는 차별이 있다.

한편 Butler & Ciarrochi(2007)는 사회적 지지를 QOL을 향상시키는 주요 요인으로 들고 있다. 실제적으로 장애인의 사회적 지지와 QOL의 영향관계를 연구한 Ruesch et al.(2004), Ritsner et al.(2006), Lippold & Burns(2009), 김희국(2010), 황보옥, 박영준(2010, 김윤정 · 이상진(2017) 등은 사회적 지지가 높을수록 QOL이 높다는 것을 입증하였다. 뇌성마비장애인을 대상으로 한 정일교(2015)도 뇌성마비장애인의 사회적 지지와 QOL은 높은 정적 상관관계가 있음을 검증하였다. 그러나 뇌성마비장애인의 사회적 지지와 QOL과 관련하여 연구도 미흡하며, 뇌성마비장애인의 QOL에 중요한 영향을 미치는 영성과 사회적 지지를 매개변수로 한 연구 또한 이루어지지 않고 있다.

본 연구는 선행연구의 검토를 기반으로 뇌성마비장애인의 QOL에 영향을 미치는 영성과 사회적 지지의 매개효과 분석에 중점을 두고, 이들 변수들이 뇌성마비장애인의 QOL에 직 · 간접적으로 유의미한 영향을 미치는가? 만일 영향을 미친다면 상대적 영향력의 크기는 어떠한가? 를 연구문제로 하여 실증적으로 분석하고자 한다. 이를 통하여 뇌성마비장애인의 영성과 QOL, 사회적 지지의 영향관계를 밝힘으로써 뇌성마비장애인의 QOL 향상을 위한 제도적 모색의 기초자료를 제시하고자 한다. 본 연구에서 영성은 Howden(1992), 장영림(2013), 이창진(2013) 등의 연구에 기초하여 초월성, 삶의 의미와 목적, 상호관계성, 내적 통합성의 하위요인으로 구성하여 연구하였다. '초월성'은 현재 상태를 초월할 수 있는 힘, 자가 치유력, 우주관 등에 관한 내용이며, '상호관계성'은 타인과 환경과의 관계에 관한 내용으로 소속감, 봉사, 자연환경에 대한 책임 등을 포함하고 있으며, '삶의 의미와 목적'은 자신의 삶의 의미와 목표,

계획, 성취감 여부에 관한 내용이며, '내적 자원'은 어려움을 극복하는 내적 강인함이나 균형감에 관한 내용으로 이루어져 있다.

2. 주요 변수 간 인과적 관계 및 가설설정

1) 영성과 QOL 관계

영성과 QOL 관련 선행 연구들은 주로 노인, 중년기여성, 뇌졸중환자 가족돌봄제공자, HIV/AIDS 감염인, 요양병원 환자, 임종을 앞둔 환자 등을 대상으로 한 연구로, 장애인을 대상으로 한 연구는 국내에선 앞에서 기술한 강경순(2013)의 연구만이 있을 정도로 드물다. 따라서 뇌성마비장애인을 대상으로 한 연구는 없으므로 다른 대상을 연구한 선행연구를 통하여 영성과 QOL 관계의 인과관계를 검증하고자 한다.

염형욱 · 정성덕 · 서완석 · 구본훈 · 배대석(2005)은 노인을 대상으로 한 연구에서 노년기에는 불안과 우울이 증가되는 경향이 있지만 동시에 자아통합을 거쳐서 영성이 개발되는 시기라고 하였으며, 노년기는 영성 정도가 높을수록 QOL이 높다고 하였다. 그리고 노년기의 영성은 무학보다는 학력이 있을수록, 종교에 대한 만족도가 높을수록, 신체적으로 건강할수록 높아진다고 하였다. 중년기 여성을 대상으로 한 장영림(2014)은 중년기 여성의 영성은 QOL에 직접적으로 영향을 미치며, 성인기의 정서적 안녕감, 희망, 건강상태, QOL에 정적(+)으로 유의미한 상관관계가 있다고 하였다.

이지영 · 용진선(2016)은 뇌졸중환자 가족돌봄 제공자를 대상으로 한 연구에서 가족돌봄 제공자의 영성이 높을수록 QOL이 높은데 이는 영성을 통해 삶의 어려움을 긍정적으로 바라보며 QOL을 높이기 때문이라고 하였다. 또한 가족돌봄 제공자의 영성을 높이기 위해서는 삶의 의미와 목적, 희망, 가치, 사랑을 발견할 수 있는 프로그램을 실시하는 것이 필요하다고 하였다. 강선경(2015)은 HIV/AIDS 감염인을 대상으로 자아존중감, 사회적 낙인, 영성이 QOL에 미치는 영향에 대한 분석에서 자아존중감이 높고, 사회적 낙인을 적게 느낄수록, 영성을 경험할수록 HIV/AIDS 감염인의 QOL이 높아진다고 하였다.

Thomson(2000)은 요양병원 환자들을 대상으로 한 연구에서 영적 안녕이 QOL에 미치는 중요한 변수라고 하였으며, Hermann(2001)은 임종을 앞 둔 환자를 대상으로 한 연구에서 죽음이 얼마 남지 않은 환자의 경우는 영적 안녕이 특히 QOL과 밀접한 관계가 있으므로 QOL을 높이기 위해선 영성을 높이는 것이 필요하다고 하였다.

이상과 같이 선행연구를 토대로 본 연구에서도 뇌성마비장애인의 영성의 하위요인들이 QOL에 정(+)적인 영향을 미칠 것으로 예측되므로 다음과 같이 가설을 설정하였다.

<가설 1> 영성은 QOL에 직접적으로 정(+)적인 영향을 미칠 것이다.
<가설 1-1> 초월성은 QOL에 직접적으로 정(+)적인 영향을 미칠 것이다.
<가설 1-2> 삶의 목적과 의미는 QOL에 직접적으로 정(+)적인 영향을 미칠 것이다.
<가설 1-3> 상호관계성은 QOL에 직접적으로 정(+)적인 영향을 미칠 것이다.
<가설 1-4> 내적 통합성은 QOL에 직접적으로 정(+)적인 영향을 미칠 것이다.

2) 영성과 사회적 지지의 관계

영성과 사회적 지지와 관련된 선행연구로는 노인, 유아교사, 대학생, 알코올 중독자 부인을 대상으로 한 연구가 다소 이루어지고 있다. 영성과 사회적 지지와 관련된 연구 또한 장애인과 관련된 연구는 거의 이루어지지 않고 있으며, 뇌성마비장애인과 관련된 연구는 부재하다. 따라서 뇌성마비장애인이 아닌 다른 대상을 연구한 선행연구를 통하여 두 변수간의 인과관계를 검증하고자 한다.

먼저 노인을 대상으로 한 연구로는 신동민(2013), 김소남 · 이상복(2013), 이수천 · 강선옥 · 장미정 · 윤승비(2014), 윤현숙 · 임연옥 · 고윤순 · 범경아(2015) 등이 있다.

신동민(2013)은 노인의 영성이 자아통합감에 미치는 영향에서 사회적 지지의 조절효과를 분석하였다. 분석결과, 노인들의 자아통합감을 높이기 위해서는 사회적 지지와 더불어 영적인 욕구도 함께 고려하여야 한다고 하였다. 또한 노인들의 성공적 노화를 위해서는 신체적, 심리적, 사회적 영역뿐만 아니라 영적인 영역까지 고려한 통합적 사정이 필요하다고 하였다.

김소남 · 이상복(2013)은 지역사회 거주노인을 대상으로 한 연구에서 사회적 지지는 신체 건강상태, 경제적 수준, 삶의 만족도에 따라 유의미한 차이가 나타나는데 경제적 수준이 보통이상이고 삶의 만족도가 높을수록 사회적 지지를 높게 인식하는 것으로 나타났으며, 사회적 지지가 높을수록 영적 안녕이 높게 나타났다고 하였다. 이수천 · 강선옥 · 장미정 · 윤승비(2014)는 독거노인을 대상으로 한 연구에서 영성과 사회적 지지망은 서로 유의미한 영향관계가 있으며, 독거노인 삶의 만족도에 사회적 지지망이 많은 영향을 미치므로 사회적 지지망을 확대하는 프로그램이 필요하지만 단순한 확대가 아니라 영성과 연결된 프로그램이 되어야 한다고 하였다.

윤현숙 · 임연옥 · 고윤순 · 범경아(2015)는 노인의 영성과 사회적 지지, 우울, 죽음불안과의 영향관계 연구에서 영성이 사회적 지지에 정적으로 유의미한 영향을 미쳐, 영성이 높을수록 사회적 지지를 더 많이 받는다고 자각하고 있다고 하였다. 이경화 · 심은주(2013)는 유아교사의 영성과 직무만족, 직장 내 사회적 지지에 대한 인식관련 연구에서 영성수준이 높은 집단이 낮은 집단에 비하여 사회적 지지의 평균이 더 높게 나타나 영성은 사회적 지지에 유의미한 영향을 미친다고 하였다.

이상의 논의의 결과를 토대로 본 연구에서도 뇌성마비장애인의 영성의 하위요인들이 사회적 지지에 직접적으로 정(+)적인 영향을 미칠 것으로 예측되어 다음과 같은 가설을 설정하였다.

<가설 2> 영성은 사회적 지지에 직접적으로 정(+)적인 영향을 미칠 것이다.

<가설 2-1> 초월성은 사회적 지지에 직접적으로 정(+)적인 영향을 미칠 것이다.

<가설 2-2> 삶의 목적과 의미는 사회적 지지에 직접적으로 정(+)적인 영향을 미칠 것이다.

<가설 2-3> 상호관계성은 사회적 지지에 직접적으로 정(+)적인 영향을 미칠 것이다.

<가설 2-4> 내적 통합성은 사회적 지지에 직접적으로 정(+)적인 영향을 미칠 것이다.

3) 사회적 지지와 QOL의 관계

사회적 지지와 QOL의 관계에 대한 연구는 비교적 활발하게 이루어지고 있으나 장애인을 대상을 한 연구로는 정신장애인(최일섭 · 고기숙, 2007), 김희국(2010), 지체장애인(황보옥 · 박영준, 2010), 임성욱 · 이숙자(2008), 장애인 일반(김윤정 · 이상진, 2017) 등의 연구가 있으며, 뇌성마비장애인을 대상으로 한 연구로는 국내에선 정일교(2015) 이외에는 거의 이루어지지 않고 있다.

최일섭 · 고기숙(2007)은 정신장애인을 대상으로 한 연구에서 사회적 지지 중 가족의 지지가 QOL에 유의미한 영향을 미친다고 검증하였으며 사회복지차원에서 가족의 지지 기능을 강화하고 사회적 지지체계를 강화시키기 위한 노력이 필요하다고 하였다. 김희국(2010)은 정신장애인이 인식하고 있는 사회적 지지와 편견이 QOL에 미치는 영향에 대한 연구에서 사회적 지지의 하위변수인 가족지지와 친구 · 동료지지가 QOL에 유의미한 정적 영향을 나타낸다고 하였으며, 친구 · 동료지지가 가족지지 보다 영향력이 크다고 하였다.

황보옥 · 박영준(2010)은 여성지체장애인의 사회적 지지와 사회통합, QOL의 영향관계에 대한 분석에서 여성지체장애인이 자각하는 사회적 지지는 QOL에 직접적으로 영향을 미치지만 사회통합을 매개로 한 간접효과가 더욱 영향력이 크다고 하였다. 임성욱 · 이숙자(2008)는 지체장애인을 대상으로 한 연구에서 사회적 지지가 높을수록 주관적 QOL이 높아지며, 사회적 지지는 사회통합과 주관적 QOL 관계에서 매개변수의 역할을 한다고 하였다.

정일교(2015)는 뇌성마비장애인의 사회적 지지는 QOL에 유의미한 정적 영향을 미치는 데 사회적 지지의 하위변수 중에는 친구・주변의 지지가 가족의 지지보다 높게 나타났다고 하였다. 한편, 전체 장애인을 대상으로 한 김윤정・이상진(2017)은 사회적 지지가 QOL에 유의미한 정적 영향을 미치지만 가족의 지지가 친구나 이웃으로부터의 지지보다 높다고 검증하였다.

<가설 3> 사회적 지지는 QOL에 직접적으로 정(+)적인 영향을 미칠 것이다.

4) 영성과 QOL, 사회적 지지의 관계

뇌성마비장애인을 대상으로 한 영성과 QOL, 사회적 지지와 관련된 연구는 거의 이루어지지 않고 있다. 장애인관련 연구도 매우 미흡하며, 비장애인을 대상으로 한 서영숙・정추영(2016), 이경열・김정희(2005) 등의 연구가 있을 뿐이다.

서영숙・정추영(2016)은 중년기 남성의 QOL과 관련된 변수는 가정수입만족도, 건강상태, 가족지지, 영성이며, QOL을 설명하는 가장 중요한 요인은 일터영성으로 영성은 QOL에 강한 상관관계에 있다고 하였다. 또한 사회적 지지가 높을수록 QOL이 높아져 사회적 지지와도 정적으로 유의미한 상관관계가 있다고 입증하였다.

이경열・김정희(2005)는 영성의 구성요인인 내적자원, 삶의 목적, 자각, 초월성, 연결성, 자비심에 기반한 영성증진 프로그램은 영성, 사회적 지지, 자아존중감, QOL에 효과가 있다고 검증하며, 영성의 수준을 높이고, 사회적 지지와 QOL에 대한 자각을 높이는 것은 내담자의 건강과 안녕에 도움이 된다고 하였다.

<가설 4> 영성은 사회적 지지를 매개로 QOL에 간접적으로 정(+)적인 영향을 미칠 것이다.

<가설 4-1> 초월성은 사회적 지지를 매개로 QOL에 간접적으로 정(+)적인 영향을 미칠 것이다.

<가설 4-2> 삶의 목적과 의미는 사회적 지지를 매개로 QOL에 간접적으로 정(+)적인 영향을 미칠 것이다.

<가설 4-3> 상호관계성은 사회적 지지를 매개로 QOL에 간접적으로 정(+)적인 영향을 미칠 것이다.

<가설 4-4> 내적 통합성은 사회적 지지를 매개로 QOL에 간접적으로 정(+)적인 영향을 미칠 것이다.

뇌성마비장애인의 영성과 QOL에 대한 사회적 지지의 매개효과

1. 영성과 QOL에 대한 사회적 지지의 매개효과 연구방법

1) 연구모델

본 연구는 뇌성마비장애인의 영성의 하위변수인 초월성, 삶의 의미와 목적, 상호관계성, 내적 통합성이 QOL에 미치는 차별적 영향력을 검증하고, 영성과 QOL 간의 사회적 지지의 매개효과를 검증하고자 **[그림 6-1]**과 같이 연구모델을 설정하였다. 즉 종속변수인 QOL에 대하여 초월성, 삶의 의미와 목적, 상호관계성, 내적 통합성 등 영성의 하위변수들을 각각 독립변수로 설정하고 사회적 지지를 매개변수로 설정하고, 이들 독립변수들과 매개변수가 각각 종속변수에 미치는 직접적 영향력과 더불어 독립변수들이 매개변수인 사회적 지지를 통해 간접적으로 미치는 영향력을 검증하고자 하였다.

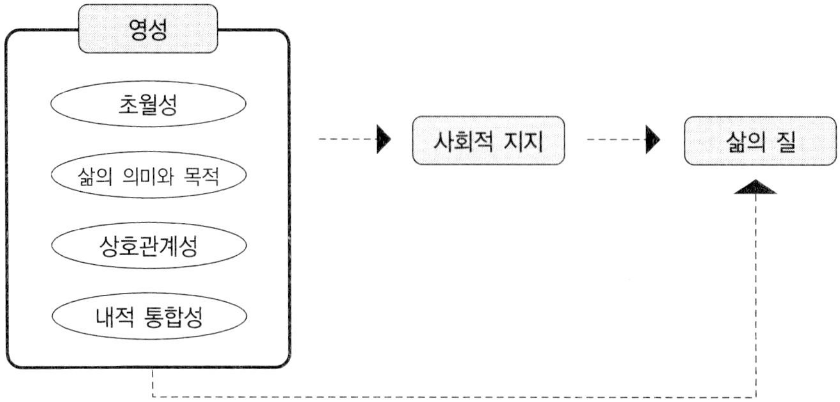

[그림 6-1] 연구모델

2) 표본추출과 자료수집 및 분석방법

표본추출과 자료수집은 Part 1, Chapter 2의 3을 참조.

자료분석을 위하여 SPSS 22.0 통계프로그램을 활용하여 신뢰도분석, 빈도분석, 기술통계분석, 상관관계분석을 실시하였고, 가설검증을 위하여 Baron & Kenny(1986: 1173-1182)의 방식에 따라 위계적 회귀분석을 실시하였으며, 사회적 지지의 매개효과를 검증하기 위하여 Sobel-test를 실시하였다.

3) 변수 및 측정도구

(1) 영성

독립변수는 뇌성마비장애인의 영성으로 Howden(1992)의 영성평가척도(Spirituality Assessment Scale: SAS)를 활용하였다. 오복자 · 전희순 · 소외숙(2001), 이경화 · 심은주(2013), 장영림(2013) 등이 이 척도를 활용하였으며, ① 초월성(6문항), ② 삶의 의미와 목적(4문항), ③ 상호관계성(9문항), ④ 내적 통합성(9문항)의 총 28개 문항으로 구성되어 있다. 처음 개발 당시 영성평가척도는 Cronbach alpha 계수가 0.92였으며, 오복자・전희순・소외숙(2001)에서는 0.93, 이경화・심은주(2013)에서도 0.93, 장영림(2013)에서는 0.94로 나타나 영성평가척도에 대한 적합성과 신뢰성을 확인하였다. 본 연구에서 Cronbach alpha 계수는 0.729로 나타났다.

(2) 사회적 지지

매개변수는 뇌성마비장애인의 사회적 지지로 가족과 친구, 의미있는 타인으로부터의 지지로 구성하였다. 이러한 사회적 지지를 측정하기 위하여 사용한 척도는 Zimet, Dahlem, Zimet, Farley(1988)의 다면적 척도(MSPSS : Multidimensional Scale of Perceived Social Support) 12문항을 기반으로 하였다. 최희수(1999)가 번안한 것을 백은령(2003), 최영상(2008)이 뇌성마비장애인에 맞게 10문항으로 수정한 것을 활용하였다. 이 척도는 ① 가족의 지지(4문항), ② 친구・주변의 지지(6문항)의 총 10문항으로 구성되어 있으며, 부정적 질문인 5번 문항은 역코딩하여 환산하였다. 본 연구에서 Cronbach alpha 계수는 0.812로 나타났다

(3) QOL

종속변수는 뇌성마비장애인의 QOL로, 세계보건기구(WHO)에서 개발한 WHOQOL (World Health Organization Quality of Assessment) 도구를 민성길・이창일・김광일・서신영・김동기(2000)가 한국판 세계보건기구 QOL 간편형 척도로 개발한 도구를 활용하였다. 이 척도는 ① 신체적 건강(7문항), ② 심리적 건강(6문항), ③ 사회적 관계(3문항), ④ 생활환경(8문항), ⑤ 기타 전반적 QOL(2문항)의 총 26문항으로 구성되어 있다. 부정적 질문인 3, 4, 26번 문항은 역코딩하여 환산하였다. 본 연구에서 Cronbach alpha 계수는 0.904로 나타났다.

이상의 영성, 사회적 지지, QOL 등 각 변수의 질문문항들은 Likert의 5점 척도를 이용하여 ① 전혀 아니다=1점에서 ⑤ 매우 그렇다=5점으로 측정하였다.

2. 영성과 QOL에 대한 사회적 지지의 매개효과 연구결과

1) 연구대상의 인구 사회학적 특성

연구대상의 인구사회학적 특성은 Part 1, Chapter 2의 3을 참조.

2) 기술통계와 상관관계분석 결과

본 연구의 각 변수별 평균과 표준편차의 기술통계의 결과는 <표 6-1>과 같다. 먼저 영성의 하위변수 평균값을 보면 상호관계성이 3.51(표준편차: 0.89)으로 가장 높았으며, 삶의 의미와 목적 3.48(표준편차: 0.67), 내적 통합성 3.06(표준편차: 0.93), 초월성 3.06(표준편차: 0.96)의 순이다. 매개변수인 사회적 지지의 평균값은 3.58(표준편차: 0.73)로 나타났으며, QOL 평균값은 3.09(표준편차: 0.60)로 나타났다.

다음으로 각 변수 간 상관관계분석을 실시한 결과 <표 6-1>에서와 같이 두 변수들 간 상관관계가 모두 유의수준 $p < 0.01$에서 유의한 정(+)적인 관계로 나타났다. 각 변수들 간 상관관계를 보면 초월성의 경우는 삶의 의미와 목적과는 0.23, 상호관계성과는 0.41, 내적 통합성과는 0.37, 사회적 지지와는 0.18, QOL과는 0.42로 각각 정(+)적인 상관관계를 나타냈다. 삶의 의미와 목적의 경우는 상호관계성과 0.73, 내적 통합성과 0.20, 사회적 지지와 0.43, QOL과 0.50로 각각 정(+)적인 상관관계를 나타냈다. 상호관계성은 내적 통합성과 0.38, 사회적 지지와 0.42, QOL과 0.56로 각각 정(+)적인 상관관계를 나타냈으며, 내적 통합성은 사회적 지지와 0.21, QOL과 0.41로 각각 정(+)적인 상관관계를 나타냈다. 사회적 지지 역시 QOL과 0.39으로 정(+)적인 상관관계를 나타냈다. 그리고 이들 상관계수가 모두 0.8이하로 나타나 변수간의 다중공선성의 기준조건에 부합하므로 다중공선성 문제가 발생하지 않은 것으로 판단하였다.

〈표 6-1〉 각 변수별 기술통계 및 상관관계분석 결과

변수	평균	표준 편차	초월성	삶의 의미와 목적	상호 관계성	내적 통합성	사회적 지지	QOL
초월성	3.0595	0.95497	1					
삶의 의미와 목적	3.4802	0.66462	0.227**	1				
상호관계성	3.5106	0.88830	0.412**	0.725**	1			
내적 통합성	3.0599	0.92997	0.369**	0.202**	0.377**	1		
사회적 지지	3.5772	0.72980	0.178**	0.425**	0.424**	0.209**	1	
QOL	3.0929	0.60496	0.428**	0.497**	0.561**	0.414**	0.393**	1

**. $p < 0.01$.

3) 가설검증 결과

본 연구에서는 전국의 장애인복지관과 장애인자립센터를 이용하는 뇌성마비장애인의 영성과 QOL의 영향관계에서 사회적 지지의 매개효과를 검증하기 위하여 Baron & Kenny(1986)가 제안한 3단계에 따라 위계적 회귀분석을 실시하였다. 이 방식에 따르면, 1단계에서 독립변수가 매개변수에 영향을 미쳐야 하고, 2단계의 독립변수가 종속변수에 영향을 미쳐야 한다. 3단계에서는 독립변수와 매개변수를 동시에 투입하여 매개변수는 종속변수에 유의미한 영향을 미쳐야 한다. 이때 3단계의 독립변수 회귀계수값이 2단계 회귀계수값보다 작아야 한다. 이때 3단계의 독립변수와 종속변수와의 관계에서 유의미한 영향이 나타나면 부분매개 역할을, 유의미한 영향을 미치지 못하면 완전매개 역할을 한다고 판단한다. 그리고 다중공선성의 문제를 검토하기 위하여 독립변수들의 분산팽창요인(VIF:Variance Inflation Factor)의 크기와 공차한계(Tolerance)를 검토한 결과, 분산팽창요인이 모두 10에 근사한 경우가 없고, 공차한계도 모두 .10 보다 높게 나타나 다중공선성의 문제가 존재하지 않는 것으로 간주하였다. 끝으로 사회적 가치의 매개효과가 유의미한지를 검증하기 위하여 Sobel test를 실시하였다.

(1) 사회적 지지에 대한 영성의 회귀분석 결과: 모델 1

뇌성마비장애인의 영성은 사회적 지지에 직접적인 정(+)적인 영향을 미칠 것이라는 가설의 검증인 모델 1의 회귀분석의 결과는 <표 6-2>와 같다. 사회적 지지에 대한 영성의 회귀분석 결과, 회귀방정식의 모델 전체 적합도가 통계적으로 유의미한 것으로 나타났다(F=10.293, p<.001). 모델 1의 설명력은 22.6% 였다(R^2=0.266). 독립변수인 영성의 하위변수 중에는 삶의 의미와 목적(β=0.240, p=0.001)과 상호관계성(β=0.220, p=0.006)이 매개변수인 사회적 지지에 유의미한 정(+)인 영향을 미치는 것으로 나타났다. β값의 기준으로 영향력의 크기는 삶의 의미와 목적이 상호관계성보다 더 영향력을 미치는 것으로 나타났다. 이러한 결과에 따라서 삶의 의미와 목적과 상호관계성이 사회적 지지에 영향을 미친다는 <가설 2-2>와 <가설 2-4>가 채택되었다. 즉 영성의 하위변수인 삶의 의미와 목적, 상호관계성이 높을수록 사회적 지지가 높다는 것을 의미한다. 초월성과 내적 통합성이 사회적 지지에 정적 영향을 미친다는 <가설 2-1>과 <가설 2-4>는 기각되었다. 가변수화한 통제변수들(Dummy variables) 중에는 사회적 지지에 부(-)적으로 유의미한 영향을 미치는 것은 동거상태(β=-0.119, p=0.026)와 장애등급(β=-0.141, p=0.005) 이었다. 이는 혼자일수록 장애등급이 2등급이하 일수록 사회적 지지가 낮다는 것을 의미한다.

〈표 6-2〉 사회적 지지에 대한 영성의 회귀분석 결과: 모델 1

독립변수 \ 종속변수		사회적 지지			
		B	β	t	p
통제변수	상수	2.106		7.754***	.000
	성별	-.137	-.091	-1.819	.070
	동거상태	-.197	**-.119***	-2.236*	.026
	결혼상태	.103	.054	1.040	.299
	학력	-.118	-.071	-1.322	.187
	취업상태	-.084	-.056	-1.002	.317

독립변수 \ 종속변수		사회적 지지			
		B	β	*t*	*p*
	기초생활수급유무	.043	.029	.507	.613
	장애등급	-.209	**-.141****	-2.796	.005
독립변수 (영성)	초월성	-.003	-.005	-.078	.938
	삶의 의미와 목적	.264	**.240****	3.332	.001
	상호관계성	.180	**.220****	2.787	.006
	내적 통합성	.060	.077	1.392	.165
F		10.293***			
R^2		0.266			
수정된 R^2		0.240			

*. $p < 0.05$, **. $p < 0.01$, ***. $p < .001$.

※ 더미변수: 성별(여=0,남=1),학력(무학/초졸/중졸/전문대졸/대졸이상=0, 고졸=1).혼인상태(기혼/이혼/사별=0, 미혼=1), 동거상태(혼자/배우자와 함께/ 형제/가족과 함께/기타=0, 부모와 함께=1), 기초생활수급(수급자=0, 비수급자=1), 취업상태(전일제/시간제/구직 중/ 구직의사없음=0, 취업불가능=1), 장애등급(2급/3급/4급/5급이상=0, 1등급=1).

(2) QOL에 대한 영성의 회귀분석 결과: 모델 2

뇌성마비장애인의 영성은 QOL에 직접적인 정(+)적인 영향을 미칠 것이라는 가설의 검증인 모델 2의 회귀분석의 결과는 <표 6-3>과 같다. QOL에 대한 영성의 회귀분석 결과, 회귀방정식의 모델 전체 적합도가 통계적으로 유의미한 것으로 나타났다(F=22.923, p<.001). 모델 2의 설명력은 44.7% 였다(R^2=0.447). 독립변수인 영성의 하위변수 초월성(β=0.171, p=0.001), 삶의 의미와 목적(β=0.230, p=0.000)과 상호관계성(β=0.228, p=0.001), 내적 통합성(β=0.191, p=0.000) 모두 종속 변수인 QOL에 유의미한 정(+)적인 영향을 미치는 것으로 나타났다. β값의 기준으로 영향력의 크기는 삶의 의미와 목적, 상호관계성, 내적 통합성, 초월성의 순으로 나타났다. 이러한 결과에 따라서 영성의 하위변수인 초월성, 삶의 의미와 목적, 상호관계성, 내적 통합성이 QOL에 직접적으로 정적 영향을 미친다는 <가설 1-1>, <가설 1-2>, <가설

1-3>, <가설 1 - 4>는 모두 채택되었다. 즉 영성이 높을수록 QOL이 높아진다는 것을 의미한다. 가변수화한 통제변수들(Dummy variables) 중에는 장애등급(β=-0.100, *p*=0.023)만이 정(+)적으로 유의미한 영향을 미쳤다. 이는 장애등급이 2등급 이상 일수록 즉 장애등급이 경증일수록 QOL이 높다는 것을 의미한다.

〈표 6-3〉 QOL에 대한 영성의 회귀분석 결과: 모델 2

독립변수 \ 종속변수		QOL			
		B	β	*t*	*p*
통제변수	상수	1.036		5.302	.000
	성별	.036	.029	.662	.509
	동거상태	-.089	-.065	-1.402	.162
	결혼상태	.109	.068	1.530	.127
	학력	-.014	-.010	-.220	.826
	취업상태	-.099	-.079	-1.643	.101
	기초생활수급유무	.008	.006	.129	.898
	장애등급	.123	.100*	2.279	.023
독립변수 (영성)	초월성	.108	.171**	3.382	.001
	삶의 의미와 목적	.209	.230***	3.671	.000
	상호관계성	.155	.228**	3.336	.001
	내적 통합성	.124	.191***	3.975	.000
F		22.923***			
R^2		0.447			
수정된 R^2		0.427			

*. $p < 0.05$, **. $p < 0.01$, ***. $p < .001$.

(3) QOL에 대한 영성과 사회적 지지의 회귀분석 결과: 모델 3

모델 3은 <가설 3>과 <가설 4>를 검증하기 위한 것으로 뇌성마비장애인의 사회적 지지가 영성과 QOL 간에 매개역할을 하는 가를 검증하기 위한 것이다. 이를 위하여 독립변수와 매개변수를 동시에 투입한 모델 3의 회귀분석의 결과는 <표 6-4>와 같다. 회귀분석 결과, 회귀방정식의 모델 전체 적합도가 통계적으로 유의미한 것으로 나타났다(F=22.433, p<.001). 모델 3의 설명력은 46.4% 였다(R^2=0.464). 이는 QOL에 대한 영성 변수의 설명력 26.6%(R^2=0.266)가 사회적 지지에 의하여 약 19.8%(R^2=0.198)의 추가적인 설명력이 있음을 의미한다. 모델 2와 마찬가지로 독립변수인 영성의 하위변수 초월성(β=0.172, p=0.001), 삶의 의미와 목적(β=0.193, p=0.002), 상호관계성(β=0.195, p=0.005), 내적 통합성(β=0.179, p=0.000) 모두 종속 변수인 QOL에 유의미한 정(+)적인 영향을 미치는 것으로 나타났다. β값의 기준으로 영향력의 크기는 상호관계성, 삶의 의미와 목적, 내적 통합성, 초월성의 순으로 나타났다. 매개변수인 사회적 지지(β=0.152, p=0.002)도 QOL에 유의미한 정(+)적인 영향을 미치는 것으로 나타났다. 즉 사회적 지지가 QOL에 직접적으로 정(+)적인 영향을 미친다는 <가설 3>이 채택되었다. 가변수화한 통제변수들(Dummy variables) 중에는 모델 2와 마찬가지로 장애등급(β=-0.121, p=0.006)만이 정(+)적으로 유의미한 영향을 미쳤다.

〈표 6-4〉 QOL에 대한 영성과 사회적 지지의 회귀분석 결과: 모델 3

독립변수 \ 종속변수		QOL			
		B	β	t	p
통제변수	상수	.771		3.660	.000
	성별	.053	.042	.990	.323
	동거상태	-.064	-.047	-1.016	.311
	결혼상태	.096	.060	1.364	.173
	학력	.001	.001	.012	.990
	취업상태	-.088	-.071	-1.486	.138
	기초생활수급유무	.002	.002	.040	.968
	장애등급	.149	.121**	2.774	.006
독립변수(영성)	초월성	.109	.172**	3.443	.001

독립변수 \ 종속변수		QOL			
		B	β	*t*	*p*
	삶의 의미와 목적	.176	.193**	3.076	.002
	상호관계성	.133	.195**	2.852	.005
	내적 통합성	.117	.179***	3.772	.000
사회적 지지		.126	.152**	3.142	.002
F		22.433***			
R^2		0.464			
수정된 R^2		0.443			

*. $p < 0.05$, **. $p < 0.01$, ***. $p < .001$.

(4) 사회적 지지의 매개효과 분석

모델 2와 모델 3의 종속변수에 대한 독립변수들의 영향력 크기 즉 QOL에 대한 영성의 하위변수인 초월성, 삶의 의미와 목적, 상호관계성, 내적 통합성의 영향력의 변화정도를 비교한 결과, 모델 2보다 모델 3에서 감소한 것은 삶의 의미와 목적, 상호관계성, 내적 통합성이다. 삶의 의미와 목적은 모델 2에서는 β=0.230이었으나 모델 3에서는 β=0.193으로 감소하였으며, 상호관계성은 모델 2에서 β=0.228이었으나 모델 3에서는 β=0.195로 감소하였으며, 내적 통합성도 모델 2에서는 β=0.191이었으나 모델 3에서는 내적 통합성 β=0.179로 감소하였다. 이러한 결과에 따라 사회적 지지는 영성의 하위변수 중 삶의 의미와 목적, 상호관계성, 내적 통합성과 QOL에서 부분매개효과를 가진다고 해석할 수 있다. 실질적으로 이러한 매개효과가 유의미한 지를 확인하기 위한 Sobel test를 실시한 결과 <표 6-5>와 같은 결과가 나타났다. 삶의 의미와 목적 ⇒ 사회적 지지 ⇒ QOL의 Z값은 2.268(p<.001)로 삶의 의미와 목적과 QOL 관계에서 사회적 지지의 매개경로가 검증되었다. 또한 상호관계성 ⇒ 사회적 지지 ⇒ QOL의 Z값은 1.993(p<.001)으로 상호관계성과 QOL 관계에서 사회적 지지의 매개경로가 검증되었다. 따라서 삶의 의미와 목적은 사회적 지지를 매개로 QOL에

간접적으로 정(+)적인 영향을 미친다는 <가설 4-2>와 상호관계성은 사회적 지지를 매개로 QOL에 간접적으로 정(+)적인 영향을 미친다는 <가설 4-3>은 채택되었다. 이로써 영성의 하위변수인 삶의 의미와 목적, 상호관계성은 사회적 지지에 영향을 미치며, 사회적 지지는 다시 QOL에 영향을 미치는 경로가 확인되었다. 즉, 삶의 의미와 목적, 상호관계성이 뇌성마비장애인의 QOL을 높이기 위해서는 사회적 지지가 매우 중요하다는 것을 의미한다.

〈표 6-5〉 영성이 QOL에 미치는 영향에 대한 사회적 지지의 매개효과: Sobel test

매개효과 경로	Z
삶의 의미와 목적 ⇒ 사회적 지지 ⇒ QOL	Z=2.268**
상호관계성 ⇒ 사회적 지지 ⇒ QOL	Z=1.993**

(5) 가설검증 결과의 종합

이상의 가설검증 결과를 토대로 종속변수인 QOL에 대한 영성과 사회적 지지의 각 변수들의 직・간접효과 및 총효과를 분석한 결과는 <표 6-6>과 같다. 먼저 영성의 하위변수인 초월성이 QOL에 미치는 효과를 보면, 직접효과가 β=0.172, 사회적 지지를 매개로 한 간접효과는 통계적으로 유의미하지 않은 이유로 총효과는 β=0.172로 나타났다. 삶의 의미와 목적은 직접효과가 β=0.193, 사회적 지지를 매개로 한 간접효과가 β=0.226(0.240×0.152)으로, 총효과는 β=0.419 이다. 상호관계성은 직접효과가 β=0.195, 사회적 지지를 매개로 한 간접효과가 β=0.033(0.220×0.152)으로, 총효과는 β=0.228 이다. 내적 통합성은 직접효과가 β=0.179, 사회적 지지를 매개로 한 간접효과는 통계적으로 유의미하지 않은 이유로 총효과는 β=0.179로 나타났다. 사회적 지지가 QOL에 미치는 효과는 직접적인 효과만 있으므로 총 효과는 β=0.152인 것으로 분석되었다.

이상과 같이 QOL에 미치는 총효과는 삶의 의미와 목적이 β=0.419로 가장 높게 나타났으며, 그 다음으로 상호관계성 β=0.228, 내적 통합성 β=0.179, 초월성 β=0.172, 사회적 지지 β=0.152의 순으로 영향력의 크기를 나타내고 있다. 따라서 뇌성마비장애인의 QOL에 영향을 미치는 가장 큰 영향력 변수는 삶의 의미와 목적이라고 볼 수 있다. 또한 삶의 의미와 목적에 비하여 상대적으로 영향력은 적지만 상호관계성, 내적 통합성, 초월성, 사회적 지지도 QOL에 의미 있는 영향력을 미치고 있음을 검증하였다.

〈표 6-6〉 가설검증의 분석결과

구분		가설	효과			가설
			직접효과	간접효과	총효과	
가설1	1-1	초월성 → QOL	0.172^{**}	-	-	채택
	1-2	삶의 의미와 목적 → QOL	0.193^{**}	-	-	채택
	1-3	상호관계성 → QOL	0.195^{**}	-	-	채택
	1-4	내적 통합성 → 사회적 지지	0.179^{***}	-	-	채택
가설2	2-1	초월성 → 사회적 지지	-			기각
	2-2	삶의 의미와 목적 → 사회적 지지	0.240^{**}			채택
	2-3	상호관계성 → 사회적 지지	0.220^{**}			채택
	2-4	내적 통합성 → 사회적 지지	-			기각
가설3	-	사회적 지지 → QOL	0.152^{**}	-	-	채택
가설4	4-1	초월성 → 사회적 지지 → QOL	-	-	-	기각
	4-2	삶의 의미와 목적 → 사회적 지지 → QOL	-	0.226^{**} (0.240×0.152)	-	채택
	4-3	상호관계성 → 사회적 지지 → QOL	-	0.033^{**} (0.220×0.152)	-	채택
	3-4	내적 통합성 → 사회적 지지 → QOL	-	-	-	기각
종합		(초월성 → QOL)+ (초월성 → 사회적 지지 → QOL)			0.172^{**}	
		(삶의 의미와 목적 → QOL)+ (삶의 의미와 목적 → 사회적 지지 → QOL)			0.419^{**}	

구분	가설	효과			가설
		직접효과	간접효과	총효과	
	(상호관계성 → QOL)+ (상호관계성 → 사회적 지지 → QOL)			0.228**	
	(내적 통합성 → QOL)+ (내적 통합성 → 사회적 지지 → QOL)			0.179***	
	사회적 지지 → QOL			0.152**	

가설 검증의 분석결과를 토대로 영성과 사회적 지지와 QOL의 관계에 대한 영향관계를 나타내면 **[그림 6-2]**와 같다.

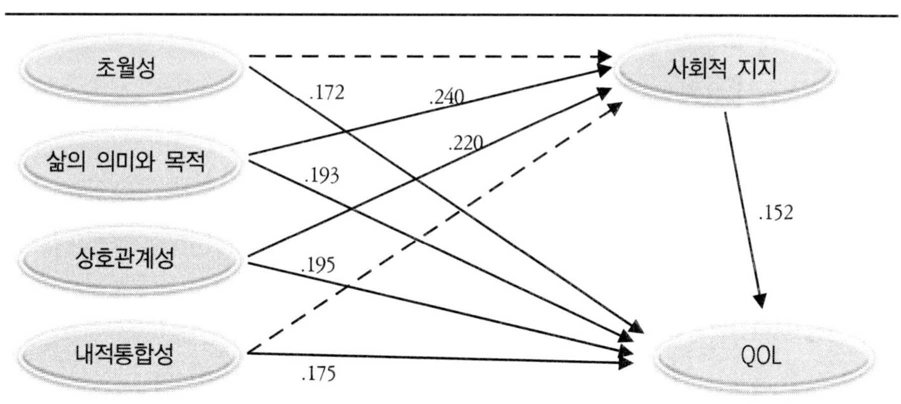

[그림 6-2] 영향관계의 분석결과

소 결

본 연구는 뇌성마비장애인의 QOL에 대한 영성의 하위변수들과 사회적 지지의 직접적인 영향과 더불어 사회적 지지의 매개효과를 중심으로, 이들 변수들이 QOL에 간접적으로 미치는 영향 및 상대적인 영향력에 대하여 검증한 것으로 그 결과를 요약하면 다음과 같다.

첫째, 뇌성마비장애인의 영성이 QOL에 직접적으로 정(+)적인 영향을 미칠 것이라는 가설을 분석한 결과, 영성의 하위변수인 초월성, 삶의 의미와 목적, 상호관계성, 내적 통합성 모두 QOL에 직접적으로 유의미한 정(+)적인 영향을 미치는 것으로 분석되었다. 이러한 연구분석 결과는 영성이 QOL에 유의미한 영향을 미친다는 염형욱 · 정성덕 · 서완석 · 구본훈 · 배대석(2005), 강선경(2015), 이지영 · 용진선(2016) 등의 연구와 부분적으로 일치한다.

둘째, 뇌성마비장애인의 영성이 사회적 지지에 직접적으로 정(+)적인 영향을 미칠 것이라는 가설을 검증한 결과, 영성의 하위변수 중 삶의 의미와 목적, 상호관계성이 사회적 지지에 유의미한 정(+)적인 영향을 미치는 것으로 분석되었다. 이러한 연구분석 결과는 영성이 사회적 지지에 유의미한 영향을 미친다는 신동민(2013), 김소남 ·

이상복(2013), 이수천・강선옥・장미정・윤승비(2014), 윤현숙・임연옥・고윤순・범경아(2015) 등의 연구결과를 지지한다.

셋째, 뇌성마비장애인의 사회적 지지가 QOL에 직접적으로 정(+)적인 영향을 미칠 것이라는 가설을 검증한 결과, 사회적 지지가 QOL에 유의미한 정(+)적인 영향을 미치는 것으로 분석되었다. 이러한 연구분석 결과는 사회적 지지가 QOL에 유의미한 영향을 미친다는 최일섭・고기숙,(2007), 김희국(2010) 황보옥・박영준(2010), 김윤정・이상진(2017)등의 연구결과를 지지한다.

넷째, 뇌성마비장애인의 영성은 사회적 지지를 매개로 QOL에 간접적으로 정(+)적인 영향을 미친다는 가설을 검증한 결과, 삶의 의미와 목적, 상호관계성이 유의미한 매개효과가 있는 것으로 분석되었다. 이러한 연구분석 결과는 서영숙・정추영(2016), 이경열・김정희(2005) 등의 연구결과를 지지한다.

그리고 뇌성마비장애인의 QOL에 대한 직・간접적인 상대적인 영향력은 삶의 의미와 목적(β=0.419), 상호관계성(β=0.228), 내적 통합성(β=0.179), 초월성(β=0.172), 사회적 지지β=0.152)의 순으로 영향력을 가지는 것으로 분석되었다. 이러한 분석결과는 뇌성마비장애인의 QOL을 높이기 위해서는 삶의 의미와 목적, 상호관계성, 내적 통합성, 초월성, 사회적 지지 등의 변수들을 잘 고려하여 정책을 수립하고, 이들 변수 사이의 우선순위를 반영하여야 함을 시사한다고 할 수 있다.

이상과 같이 본 연구는 그동안 뇌성마비장애인의 QOL을 향상시키기 위한 선행연구의 검토와 이론적 논의를 토대로 사회적 지지와 더불어 초월성, 삶의 의미와 목적, 상호관계성, 내적 통합성 등의 영성의 하위변수들이 QOL에 영향을 미치고 있을 뿐만 아니라 이러한 변수들의 영향력 크기가 위의 크기 순서대로 차별적인 영향을 미치고 있음을 실증적으로 입증하였다는 점에 연구의 함의를 두고자 한다.

본 연구의 결과에 따라 영성과 사회적 지지와 관련하여 뇌성마비장애인의 QOL을 높이기 위한 방안을 제언하면 다음과 같다. 우선적으로 영성이 QOL에 유의미한 영향을 미치는 것으로 나타났으므로 영성의 강화를 통한 QOL 향상방안의 모색이 필요하다. 이를 위해서는 뇌성마비장애인의 영성에 대한 심층적 연구를 통해 뇌성마비장애인의 영성에 대한 정확한 사정과 이해가 필요하며 영성을 강화할 수 있는 영성기반 실천 프로그램의 개발과 활용이 필요하다. 김도희(2016)는 영성에 대한 이해가 인간의 QOL 향상에 중요한 영향력을 미치며, 인간은 영성을 통해 신체적, 심리적, 환경적 상황으로부터 자신을 극복하고 초월할 수 있으며, 이를 통하여 삶의 의미를 깨닫게 된다고 하였다. 나아가 사회복지실천현장에서 영성강화에 있어 대표적으로 효과성이 입증된 프로그램으로 마음챙김 명상과 강점관점 모델에 입각한 프로그램이라고 하였다. 김정호(2004)는 마음챙김 명상을 통해 자신을 조절해가는 능력을 발견하게 되며, 김경희 · 강미경 · 노혜련(2013)은 강점관점모델을 통해 긍정적 자아개념을 향상시키며, 가족과의 상호관계가 향상되는 등 사회적 지지의 강화에도 성과를 가져올 수 있다고 하였다. 나아가 뇌성마비장애인을 지원하는 활동지원사 등 주요 실무자들도 뇌성마비장애인의 QOL을 향상하기 위해서는 영성에 대한 인식 및 이해, 훈련이 필요하며, 영성에 민감함을 실천할 수 있는 여건의 마련이 필요하다. 또한 사회복지 실무자들을 대상으로 하는 보수교육의 일환으로 영성에 대한 교육을 실시하여 사회복지실천현장에서 영성을 접목시키는 방안의 모색도 필요하다.

다음으로 뇌성마비장애인의 사회적 지지 또한 QOL에 유의미한 영향을 미치므로 사회적 지지를 높이기 위한 다양한 모색이 필요하다. 정일교(2015)는 뇌성마비장애인의 사회적 지지를 높이는 방안으로 장애인소모임, 친구와의 교류 및 사회적 지지프로그램의 지원 등의 다양한 프로그램의 개발을 제언하였으며, 황보옥 · 박영준(2010)은 가족의 지지에 대한 중요성을 강조하며 가족에 대한 경제적 지원, 자조모임, 가족지원프로그램, 상담프로그램 등의 확대실시를 강조하였다.

한편 본 연구는 다음과 같은 측면에서 한계를 가지고 있다. 먼저 대상자 표집의 대표성문제인데, 본 연구에서는 물리적 · 시간적 제약으로 인하여 장애인복지관과 장애인자립생활센터를 이용하는 뇌성마비장애인만을 대상으로 하여 연구결과를 일반화한 것에 대해 한계를 지니고 있다고 본다. 따라서 후속연구에서는 표집대상을 더욱 확대하여 대표성을 확보하는 것이 필요하다고 생각한다. 또한 남녀 성비에 따라 조사분석의 내용에 차이가 있을 수 있으므로 남녀 성비를 고려한 표본추출의 방법도 반영하는 것이 필요하다고 생각한다.

또한 QOL과 영성, 사회적 지지와 관련하여 통제변수의 인구사회학적 특성에 따라 차이가 있을 것이라고 예측이 되나 생략하였다. 본 연구의 주요변수와 관련하여 인구사회학적 특성별 검증에 따른 유용한 정보를 분석하여 정책의 모색에 반영하는 것도 필요하다고 생각한다.

끝으로 뇌성마비장애인의 영성, 사회적 지지, QOL은 시간, 상황과 환경에 따라 변화하는 주관적 개념이므로 횡단적 양적 연구로는 많은 한계가 있다. 따라서 시간과 상황과 환경의 변화에 따라 영성, 사회적 지지, QOL이 어떻게 변화하는 지에 대한 질적 연구를 통한 심층적 분석을 하고 영성과 사회적 지지, QOL을 높이기 위한 대안을 제시하는 것이 필요하다.

보론

뇌성마비장애인의 사회참여(여가문화활동)를 위한 일본사례의 시사점

본 연구에서는 뇌성마비장애인의 QOL과 관련된 양적·질적 조사분석 등을 통하여 뇌성마비장애인의 QOL에 대한 이해를 돕고, 뇌성마비장애인의 QOL 향상을 위한 제언을 하고자 하였다. 장애인의 QOL은 장애의 형태, 발생 시기, 그 장애인이 처한 개인적 삶 및 사회적 상황에 따라 그 이해를 다르게 하여야 하듯 뇌성마비장애인의 QOL 또한 뇌성마비장애인의 삶을 구성하는 개인적 니즈(needs)와 환경에 따라 다르다고 할 수 있다.

그러나 뇌성마비장애인의 각 개인의 삶에서 QOL의 다양성에도 불구하고 본 연구의 연구에 따르면 뇌성마비장애인의 생태체계변인, 사회적 지지, 자아존중감, 사회적 인식, 여가문화활동, 영성(삶의 의미와 상호관계성) 등은 뇌성마비장애인의 QOL과 밀접한 영향관계를 비치고 있는 것으로 나타났다. 특히 뇌성마비장애인의 여가문화활동은 QOL을 높이는 매우 중요한 활동으로 나타났다. 물론 여가문화활동의 참여는 뇌성마비장애인의 사회참여에 대한 많은 어려움과 한계를 인식하는 계기가 된다. 한편으로는 사회에 대한 새로운 정보를 얻고, 문제해결의 계기와 제도개선의 필요성에 대한 인식과 제도개선을 위한 장애운동을 하게 되는 계기가 되고 있다. 또한 이러한 장애운동은 뇌성마비장애인의 QOL 향상으로 이어지는 선순환 과정이 될 수 있다.

여가문화활동이 뇌성마비장애인 QOL의 향상에 중요한 영향을 미치는 만큼 이하에서는 뇌성마비장애인의 사회참여를 촉진하기 위한 사회적 인식의 변화와 장애인 당사자 및 사회적 제 노력의 일환인 장애인권리협약, 사회모델, 인권모델, 장애평등연수 등에 대하여 기술하고 한국에서의 시사점을 찾고자 한다.

QOL과 여가문화활동 니즈(needs)

QOL(quality of life: QOL)은 1960년대 말에 미국이나 스웨덴에서 싹튼 이념이다. 일본에서는 당시 의료・간호의 영역에서 제창되었으며 life의 3층구조(생명・생활・인생)를 의미하는 것으로 사회복지의 중요한 이념이 되었다. 더욱이 QOL은 “자기 자신의 생활에 대한 주관적 만족도, 안정감, 생명의 충실감, 생활의 만족도 등”이며, “3L(life의 3가지 의미인 인생의 달성감, 생명의 충실감, 생활의 만족감)에 대한 2Q(quality and quantity: 양과 질)로 구성되었다”고 한다(新井愛子, 2010: 102).

이러한 QOL이 장애인 분야에서 확대되어 온 이유 중 하나는 1970년대 미국에서 발생한 장애인의 자립생활운동이다. 佐藤久夫(1991:39)에 따르면 “자립은 선택권의 가장 책임있고 생산적인 행사를 의미한다. 그것은 또 정신적・신체적 장애에도 불구하고 개개인의 장애인이 가장 제약이 적은 환경 속에서, 그리고 장애인의 문화적・하위문화적 배경에 대한 합리적인 편의제공이며, 최대한의 QOL, 자립이 이루어지도록 지원되어야 하는 것을 의미한다.”며, 이 중에서 최대한의 QOL이 자립의 중요한 요소, 목적이라고 하였다.

新井愛子(2010: 104)는 “QOL의 기준은 최종적으로는 개인 개인의 충족감이며, 어떠한 것에 가치를 두는 것이 중요하지만 어떻게 살아가는 가의 방식을 선택하는 것은 사람에 따라 다양하다"고 하였다. 新井愛子(2010: 107-110)는 "장애인의 QOL을 지원하기 위해서는 ① 심신과 더불어 쾌적한 생활이 가능하도록 지원한다. ② 시설의 활동 프로그램을 풍부히 한다. ③ 장애인의 연령을 고려한다. ④ 개별 니즈에 대응한다. ⑤ 시설에 한정되지 않는 지원을 입안한다."의 5가지의 방안을 제안하고 있다. 이러한 5가지의 제안 속에서 QOL을 높이기 위해서는 생활만족감을 높여야 하며, 이를 위해서는 일, 취미, 문화활동, 여가활동 등 사회참여가 더욱 활발하도록 프로그램을 풍부히 하여, 장애인 한사람 한사람이 선택 가능한 프로그램을 실시하도록 강조하고 있다. 또한 본인이 희망하고, 가고 싶은 곳을 가고, 즐길 수 있는 원조와 지원계획이 이루어져야 한다고 강조하고 있다.

이와 같이 장애인의 QOL 향상을 위한 지원은 노동, 경제생활, 가정생활, 사회참여, 취미, 문화활동, 레크리에이션 활동과 같은 측면에서도 인식이 필요하며(佐藤久夫·小澤溫, 2000: 104 참조) 이에 대한 사회적 지지가 필요하다.

전체 장애인이 아닌 일부 소수 장애인을 대상으로 한 조사이어서 대표성에는 한계가 있지만 植田章(2011: 53-54)의 조사에 따르면[1], 여가문화활동과 관련하여 휴일을 보내는 방법 중 응답이 높은 상위 5개를 보면, '텔레비전 시청' 175명(51.3%), '쇼핑' 160명(46.9%), '산책'116명(34.0%), '찻집에서 티타임'102명(29.9%), '음악감상'80명(23.4%) 이다. '아무것도 하지 않음'은 59명(17.3%) 이다.

휴일을 누가와 보내는가에 대해서는 '기관 직원이나 자원봉사자' 172명(50.4%), '가족' 150명(44.0%), '동료 등 친구' 128명(37.5%), '혼자' 106명(31.1%), '활동지원사' 64명(18.8%) 이다. 개방식 질문으로 직원을 대상으로 장애인의 일상생활 변화에 대하여 질문한 결과는 '여가를 즐겁게 보내고 있다' 36명(30.5%), '신체기능의 저하, 장애·질병으로부터 외출 등이 어렵다' 21명(17.8%), '정신면으로 인해 외출의 의욕이

1) 조사대상은 조사의 내용에 찬성한 오사카부 산하 장애인복지시설 9개 법인, 22개시설, 40세 이상(40세 이하의 다운증후군 장애인 포함) 이용자 341명이다. 조사기간은 2008년 12월부터 2009년 3월이다.

저하하고 있다' 14명(11.9%)으로 나타났다.

이러한 변화와 함께 필요한 지원으로는 '서비스 이용의 지원' 36명(59.0%), '지원내용의 변경 · 개선' 18명(29.5%) 이다.

조사결과에 따르면 장애인의 여가문화활동의 내용이 텔레비전 시청, 쇼핑, 산책, 찻집에서 티타임, 음악감상 등으로 그 내용이 다양하지 못하며, 참여도도 과반수에 가까운 텔레비전 시청, 쇼핑 등을 제외하고는 활발하게 이루어지 않고 있는 것을 알 수 있다. '여가를 즐겁게 보내고 있다'가 30.5%에 불과하나 '서비스 이용의 지원'에 대한 니즈(needs)는 59.0%로 높게 나타다고 있는 것으로 보아 여가문화활동에 대한 니즈(needs)가 높게 나타나고 있는 것을 알 수 있다.

따라서 여가문화활동의 참여도가 왜 낮은가, 왜 즐겁게 보내고 있지 않은가 등에 대한 원인의 분석이 필요하며, 여가문화활동의 다양성과 서비스 지원에 대한 니즈(needs)를 충족하는 것이 필요하다는 것을 알 수 있다.

02

시민권의 재구축으로서 장애인권리협약과 사회모델

뇌성마비장애인의 활발한 여가문화활동의 참여를 위해서는 '완전참여와 평등'을 위한 권리획득이 필요하다.

장애인권리협약은 장애가 있는 사람의 존엄과 권리를 보장하기 위해 21세기에 들어 첫 국제인권법에 근거한 인권협약이며, 2006년 12월 13일에 제61회 유엔총회에서 채택되어 일본은 2007년 9월에 서명, 2014년 1월에 추진되었다.

장애인권리협약(전문(e))에서는 "장애란 점진적으로 변화하는 개념이며, 손상을 지닌 사람과 그들이 다른 사람과 동등하게 완전하고 효과적으로 사회에 참여하는 것을 저해하는 태도 및 환경적인 장벽 간의 상호작용으로부터 기인된다는 것"으로 규정되어 있다. 이렇게 장애인권리협약에서 장애란 차별과 불평등이라는 사회적 문제이며 협약제정의 목적은 그 불평등의 시정이며, 장애의 관점에 장애의 사회모델이 포함되어 있다. 즉 장애인권리협약이 목표로 하는 배제/주변화 되어 있는 장애인의 시민권의 재구축을 목표로 하며, 장애인의 시민권을 보장하기 위해 그 권리가 보장되어야 한다는 이념의 반영이다.

장애인권리협약 제2조에서는 '장애로 인한 차별'이란 정치적, 경제적, 사회적, 문화적, 민간 또는 다른 분야에서 다른 사람과 동등하게 모든 인권과 기본적인 자유를 인정받거나 향유 또는 행사하는 것을 저해하거나 무효화하는 목적 또는 효과를 갖는, 장애를 이유로 한 모든 구별, 배제 또는 제한을 의미한다. 이는 합리적인 편의제공에 대한 거부를 포함한 모든 형태의 차별을 포함한다.

'합리적인 편의제공'이라 함은, 다른 사람과 동등하게 장애인에게 모든 인권과 기본적인 자유의 향유 또는 행사를 보장하기 위하여 그것이 요구되는 특별한 경우, 불균형적이거나 부당한 부담을 지우지 아니하는 필요하고 적절한 변경과 조정을 말한다.

'합리적인 편의제공'은 장애를 직접 요건으로 차별하는 직접차별 뿐만 아니라 장애를 요건으로 하지 않지만 실질적으로 장애를 이유로 다르게 취급하는 간접차별까지 포함하여 권리회복을 위한 필요불가결한 개념이다(岡部耕典, 2019: 64). 이 '합리적인 편의제공'의 관점은 일률적으로 다루어져 왔던 평등과 다르게 개개인의 상황에 맞는 개별화를 중요시 하는 편의제공이라고 할 수 있다(伊藤葉子, 2017: 38).

제3조에서는 지역사회에서 공생 등으로 "모든 장애인이 기본적 인권을 향유하는 개인으로서 존엄이 중요시 되었고, 그 존엄에 어울리는 생활을 보장하는 권리를 가진다."라고 규정하고 있다. 또한 "모든 분야의 활동에 참여하는 기회의 확보", "어디서 누구와 생활할 것인가의 선택 기회가 확보되었으며, 지역사회에서 다른 사람들과 공생하는 것이 방해받지 않을 것", "언어(수어를 포함) 그 외의 의사소통의 수단에서 선택의 기회가 확보될 것" 등 규정이 확대되었다. 또한 차별의 금지가 제4조로서 규정되어 '사회적 장벽을 제거하는 조치'가 실시되어야한다라고 규정되고, "합리적인 편의제공이 이루어져야 한다."것에 대해서도 규정하고 있다. 제4조를 구체화하는 시책으로서 2013년에는 '장애인차별해소법'이 성립되고 2016년부터 시행되고 있다.

제19조에서는 "모든 장애인이 다른 사람과 동등한 선택을 통하여 지역사회에서 살 수 있는 동등한 권리가 있음을 인정하며, 장애인이 이러한 권리를 완전히 향유하고 지역사회에 통합되고 참여하는 것을 촉진하기 위하여, 효과적이고 적절한 조치를 취

한다."고 규정하고 있다. 이를 위하여 "장애인은 다른 사람과 동등하게 자신의 거주지 및 동거인을 선택할 기회를 가지며, 특정한 주거 형태를 취할 것을 강요받지 아니한다.", "장애인의 지역사회 생활과 통합을 지원하고 지역사회로부터 소외되거나 분리되는 것을 방지하기 위하여 필요한 개별 지원을 포함하여, 장애인은 가정 내 지원서비스, 주거 지원서비스 및 그 밖의 지역사회 지원 서비스에 접근할 수 있다.", "일반 국민을 위한 지역사회 서비스와 시설은 동등하게 장애인에게 제공되고, 그들의 요구를 수용한다."고 규정하고 있다. 이것은 지역사회에서 장애인 자신이 그 장애와 관계없이 생활하고 싶은 장소에서, 생활하고 싶은 사람과 살아가는 것을 보장하는 것이다. 이렇게 하기 위해서는 장애인의 니즈에 대응하고, 이용할 수 있는 지역사회지원서비스(개별지원을 포함)를 국가가 정비해야 한다(伊藤葉子, 2017: 36-40)는 것이다.

유엔인권협약의 이행을 위해 권리협약 당사국들은 협약에 따른 의무 이행 상황에 대한 포괄적인 보고서를 제출하도록 되어 있다.

일본은 2014년 비준하였으며, 일본 정부의 보고서가 제출되어 있다. 정부보고서 제출 과정에서 장애 관련단체가 작성하는 병합국가보고서 혹은 카운터 리포트[2)]는 중요한 역할을 담당하고 있다. 장애인권리협약 보고서 가이드라인(CRPD/C/2/3) 첫머리에 있는 유엔 사무총장의 노트는 특히 장애인단체를 포함한 비정부기관의 보고 작성 과정에 적극적인 관여를 요구하고 있다. 新谷友良(2016)에 의하면 "당사국은 자국의 제도에 따라 협약의 이행과 관련된 사항을 취급하는 하나 또는 하나 이상의 중앙 연락처를 정부에 제공해야 한다."(제33조)고 규정하고 있다. 따라서 국회 심의를 통해 장애인정책위원회를 "중앙 연락처"로 하는 논의가 있었지만, 장애인기본법은 장애인정책위원회의 담당 사무로서 "장애인 기본 계획의 실시 상황을 모니터링 하고, 필요하다고 인정될 때에는 내각총리 또는 내각총리를 통해 관계 각 대신에게 권고한다."라고 규정하고 있어, 직접적으로 장애인권리협약 모니터링을 장애인정책위원회의 소관

2) 정부의 보고서에 대해 NPO/NGO 등이 만드는 리포트를 말한다. 국가가 만드는 보고서에는 소개되지 않는 현실의 상황이나, 민간에서 보는 시점을 전하는 역할을 한다.

이라고 하기에는 제한이 있다.

장애인권리협약을 장애인기본계획으로 대체하고 장애인기본계획의 실시를 장애인정책위원회가 감시하는 시스템의 유효성에 대해서는 장애인기본법의 개정에서 논점은 되었지만, 국가병합보고서의 역할을 포함한 문제는 중요하게 다루지 않고 있다. 그러나 장애인권리협약을 국내에서 어떻게 이행・평가해 나가는가 하는 과제와 관련하여 병합국가보고서의 역할은 중요하다.

일본 정부의 협약이행보고서인 병합국가보고서는 "협약에 따른 의무를 이행하기 위해 취한 조치 및 이 조치에 의해 달성된 개선에 대한 포괄적인 보고"이며, 제1회 보고 이후 "당사국은 최소한 4년 마다 또는 위원회가 요청할 때마다 후속 보고서를 제출한다"고 규정하고 있다. 4년마다의 보고 의무 또는 수시보고 의무 규정은 형식적인 보고가 아니라 실질적인 협약 이행 실태를 보고하려는 협약의 의지를 반영하고 있다.

병합국가보고서의 작성은 정부 보고에 대한 의견이나 반론이 아니라 당사자 단체로서의 조약 이행 실태를 끊임없이 평가・문장화해 나가는 작업이라 할 수 있다. 이전에는 정부 보고에 대한 '카운터 리포트'라고 불렸던 것을 '병합국가보고서'라고 부르게 된 것은 이러한 조약 이행의 실천이 강조되고 있음을 나타낸다(新谷友良, 2016).

이러한 '장애인권리협약'은 시민권에 기초한 장애유무를 초월하여 모든 사람의 '공생사회의 실현'을 목표로 하고 있다. 마샬(T,H.Marrshal)에 의하면"시민권이란 공동사회의 완전한 성원인 사람들에게 부여된 지위 신분"이며(岡部耕典, 2019: 57), 본 연구에서 여가문화활동의 참여는 마샬이 말한 '공민권', '정치권', '사회권'중 '사회권'에 해당한다. '사회권'은 교육을 받을 권리, 최저한의 안전 및 문명생활을 보낼 권리, 복지청구권 등의 권리로 20세기 들어와 형성되었으며, 사회참여의 실현의 관점에서 중요한 권리이다(伊藤葉子, 2017). 宮本太郎(2017)는 '지원받는 측'으로 되기 쉬운 고령자, 장애인, 빈곤자 등이 적극적으로 사회와 연결되는 것을 지원하는 것이 중요하며 참여기회의 확대를 향한 공생의 장의 구축이 필요하다고 하였다.

또한 장애인과 권리보장에 관련해서 杉野昭博(1999)는 그 권리성에 대하여 기초가 되는 것은 장애인차별금지법에 의한 '참여권'의 확립이며, 시민권의 차원에서 사회적 권리보장이 필요하다고 하였다.

위에서 기술한 것처럼 장애인권리협약에서 장애란 우선 차별과 불평등이라는 사회적 문제이며, 협약제정의 목적은 그 불평등의 시정하는 것이며 또한 장애관점에 장애의 사회모델이 포함되어 있다.

세계보건기구(WHO)는 장애의 사회모델에 대하여 "장애를 주로서 사회에 의해 만들어진 문제라고 생각하고", "기본적으로 장애를 사회로의 완전한 통합의 문제로 보는"장애관이며, "장애는 개인에게 귀속하는 것이 아니라, 제 상태의 집합체이며, 대부분이 사회환경에 의해 만들어진 것이라는 것이다. … (중략) … 따라서 문제인 것은 사회변화를 요구하는 태도상 또는 사상의 과제이며, 정치적 수준에 있어서는 인권문제라고 하고 있다. 이 모델에서는 장애는 정치적 문제이다"(世界保健機關著・障害者福祉硏究會編 2002: 13, 岡部耕典, 2019: 56 재인용)고 설명하고 있다.

따라서 장애의 사회모델은 장애가 기능장애에 의해서가 아니라 다양한 사람들을 고려하지 않는 사회나 환경의 장벽에 의해 발생하는 것이라고 생각하고 있다. 이러한 토대에서는 인간은 다양하다라는 이해에 근거하여 다양성을 기초한 평등을 지향하는 가치관이 있다. 더욱이 인간의 다양성을 고려하지 않고, 혹은 일정의 심신의 장애의 사람만이 평등하게 참여할 수 없는 사회의 구조가 장애의 원인이라고 간주하고 있다(久野硏二, 2018 : 54).

여기에서 확인되고 있는 것처럼, 장애의 사회모델의 의의는 장애의 개념을 치료나 교육을 위한 인식모델로부터 장애당사자의 주체성을 초점화 하고 장애인을 무력화하는 사회의 방향성을 묻는 운동모델로 파라다임을 이동하는 것이며, 장애인을 <보호의 객체>로 부터 <권리의 주체>로 전환시키는 것을 목표로 유엔장애인권리협약(The Convention on the Rights of persons with disabilities 이하 "장애인권리협약"의 기본개념의 하나가 되고 있다.

장애의 사회모델을 채택하게 됨에 따라 장애인권리협약은 장애인의 인권을 인종이나 성의 영역과 같은 본질주의로부터 해방시켜, 속성을 초월하는 보편적인 인권모델로 인정하고, 그 옹호를 차별과 배제의 해소라는 '정치적 문제'로서 정책화하는 것이 가능하게 된다. 단, 그 정책이 완전히 기능하기 위해서는 장애가 있는 자도 장애가 없는 자와 동등의 권리를 가진 <시민>이라는 것을 인정하고, 한편의 차별과 배제의 해소에 요구되는 부담을 용인하는 <사회>의 합의형성이 대전제가 된다(岡部耕典, 2019: 55-57).

伊藤葉子(2017: 45)도 사회모델을 "장애는 주로 사회에 의해서 만들어진 문제로 간주하고, 기본적으로 장애가 있는 사람을 사회에 완전히 통합하는 것을 중요시 여기는 관점"이며, "장애는 개인에게 귀속하는 것이 아니라 대부분이 환경이 요인이 되어 발생하는 여러 상태의 결집체로서 그 대처에는 사회적 행동이 요구되며 장애인의 완전참여를 위해서 환경의 개선을 사회전체가 공동으로 책임져야 한다. 이것은 사회의 태도, 사상의 과제이며, 정치적으로는 인권문제이며, 장애는 정치적 문제이다"라고 지적하고 있다.

이러한 사회모델은 뇌성마비장애인의 여가문화활동 참여 촉진을 위해서도 필요한 시점이다. 뇌성마비장애인이 시민으로서, 다양한 여가문화활동에 참여하며 함께 살아가는 공생사회를 만들기 위해서는, 사회모델의 관점에서 장애인권리협약에 근거한 사회의 여러 장벽과 차별, 배제를 없애기 위한 사회제도, 법, 환경 등의 개선을 위한 장애당사자 운동과 사회적 차원의 노력이 필요하다.

사회모델의 한계를 보완하며 발전된 인권모델

의료모델에 대한 비판에서 발전된 장애의 사회모델은 장애를 차별과 억압의 사회구조로 설명하며, 개인보다는 사회에 중점을 둔다. 이러한 사회모델의 한계를 보완한 것이 인권모델이다(Degener, T., 2016).

사회모델에 따른 장애는 장애가 있는 사람들에게 주어지는 사회 전체의 제도화된 차별에 주안점을 두고 강조하지만(Michael O., 1996: 33), 인권모델은 사회적 지위나 정체성 범주, 출신 국가 또는 기타 지위가 개인이 인권 대상이 되는 것을 막을 수는 없으며, 인권은 무조건적 권리이며, 모든 장애인을 위한 모든 인권은 보편적으로 보호받아야 한다고 주장한다.

따라서 사회모델은 기회 평등의 원칙에 기초하여, 사회의 모든 사람들을 동일하게 대우함으로써 모든 사람이 같은 기회에 접근 할 수 있다고 가정한다. 그러나 인권모델은 평등이 모든 사람을 동일하게 대우한다는 의미가 아니며, 사회의 다른 그룹의 사람들 사이에 존재하는 힘의 불균형을 인정하며, 소외 계층에 대한 성과개선을 위한 조치를 취해야한다고 정부에 요구한다. 즉 평등을 이루기 위한 인간 간의 차이, 차별과 권력 관계를 고려한 실질적 평등이 이루어질 수 있도록 포괄적 평등을 강조한다. 포괄적 평등은 형식적 평등이 아닌 실질적 평등을 넘어서 공정한 재분배 차원의 평등이다(DARU: http://www.daru.org.au/).

인권모델은 장애인권리협약을 구현하는 도구로써 인권 원칙을 기반으로 한다. 인권 원칙이란 평등과 공정성과 관련된 일련의 원칙으로 두려움, 차별, 괴롭힘으로부터 벗어나 좋은 삶을 살기 위해 전 세계 사람들이 동의한 것들에 바탕을 두고 있다. 권리에는 생명, 건강, 고문이나 기타 잔인하거나 비인간적인 대우를 받지 않는 것, 사생활, 법앞에 평등, 결혼해서 가정을 꾸리는 것, 직업, 교육 등이 포함된다. 이 권리는 장애, 성별, 문화적 배경, 민족성 또는 피부색, 성적 취향, 개인적인 의견, 종교적 신념, 사회적 지위 등에 관계없이 모든 시민에게 동일하게 적용된다(DARU: http://www.daru.org.au/).

인권 원칙에 따른 인권모델은 인간의 고유한 존엄성에 초점을 둔다. 장애는 모든 형태로 존중되고 지지되어야 하는 인간 다양성의 자연스러운 부분이며, 장애인은 사회의 다른 모든 사람들과 동일한 권리를 갖는다. 따라서 장애인의 권리를 거부하거나 제한한 변명으로 사용해서는 안되며, 전 세계 장애인을 위한 더 높은 수준의 평등을 달성하는 것을 목적으로 한다.

그러므로 사회모델이 시민의 권리와 차별금지입법을 위한 투쟁을 주로 지지하는 것에 비하여 인권모델은 경제적, 사회적 및 문화적 권리뿐만 아니라 인권, 시민 및 정치 모두를 포괄한다는 점에서 더욱 포괄적이다. 차별 금지법은 문제에 대한 부분적인 해결책이라고 할 수 있으며, 장벽과 다른 형태의 차별이 없는 사회일지라도 장애인들에게 사회적, 경제적, 문화적 권리가 필요하다(Degener, T., 2016). 즉, 장애인이 지역사회에서 독립적으로 생활하고 지역사회에 포함될 권리 확립을 주장한다(DARU: http://www.daru.org.au/).

한편, 사회모델은 만성적인 고통과 짧은 기대수명과 같은 장애가 장애인의 삶에 미치는 실제적 영향을 인정하지 않으며, 모든 손상을 동일하게 취급하는 경향이 있다. Marian Corker와 Sally French(1999)는 장애의 특성을 소홀히 하는 것 외에도 장애와 장애 사이의 상호 구성적 관계, 장애인의 장애 및 고통 경험을 무시한다고 하였다. 즉, 신체적 차이와 제한이 완전히 사회적으로 만들어졌다고 주장하면서, 장애의 사회모델에는 우리 몸의 경험을 거부하는 경향이 있다고 하였다. 인권모델은 장애인의 생활에 미치는 장애의 영향을 인정하며, 인간의 다양성의 자연적 측면으로서 손상을 인식한다. 인권모델은 인간의 본질적 존엄성에 초점을 맞추고, 필요한 경우에만 개인의 의학적 특성에 초점을 맞춘다. 그것은 개인 중심 단계를 그에게 영향을 미치는 모든 결정에 두며, 가장 중요한 것은 사람과 사회 밖에서 주요 '문제'를 찾는다. 이 모델에서 장애의 '문제'는 국가와 시민 사회의 대응력 부족이 장애로 나타나는 차이에 기인한다고 보고 있다. 국가는 모든 사람의 존엄성과 평등한 권리에 대한 완전한 존중을 보장하기 위해 사회적으로 생성된 장애를 해결해야 할 책임이 있다. 장애인의 인권모델은 장애가 인간의 존엄성을 훼손하지 않으며 장애인의 권리를 침해하지 않는다는 것을 명확히 한다. 그러므로 장애의 경험을 포괄하는데 있어 장애의 인권모델이 사회모델보다 더 적절하다(G. Quinn and T. Degener, 2002: 14).

또한 사회모델은 장애 정책의 중요한 요소로서 정체성 정치를 무시하는 반면, 인권모델은 소수자와 문화적 차이를 구별하기 위한 배려를 제공하며, 정체성 문제(identity issues)를 인정한다. 아이덴티티 정치는 인간 간의 차이를 중시하고 배려하는 정치로 정의될 수 있다. 게이 자존심, 흑인 자존심, 페미니즘, 또는 장애 문화는 이러한 정체성 정치의 특징이다. 장애의 사회모델은 개인적인 해방이 아니라 사회적 권력 관계에 초점을 맞추고 있기 때문에 이러한 문제에 대한 여지가 많지 않다. 장애와 관련된 정체성 요인으로는 후천적 장애와 선천적 장애에는 차이가 있을 수 있다. 시각장애인이나 청각장애인 또는 신체적, 지적장애는 질병, 사고, 폭력 혹은 빈곤으로 인해 장애가 되는 것과는 매우 다르다. 그리고 일부 장애 또는 장애는 배제와 정체성의 독특한 경험과 함께 올 수 있다. 따라서 각각의 장애의 맥락에 따른 정체성이 인정되어야 한다(Degener, T., 2016).

나아가 사회모델이 예방정책에 결정적인 역할을 하는 반면, 인권모델은 장애인을 위한 인권보호정책을 어느 때 주장할 수 있는 지를 평가하는 근거를 제공한다. 인권모델은 예방정책의 평가를 가능하게 한다. 장애예방은 장애인권리운동가들에게 낙인이나 차별적인 것으로 오랫동안 비난 받아온 공중보건정책의 한 요소이다. 장애예방정책으로 주장되는 것은 실제로 장애인을 제거하는 것을 목표로 하는 정책이다. 마이클 올리버(Michael Oliver)는 장애예방프로그램이 전하는 메시지는 장애가 있는 삶은 살 가치가 없다는 것이며, 장애예방정책으로 주장되는 것은 실제로 장애인을 제거하는 것을 목표로 하는 정책이라고 하였다((Michael O., 1996: 54-59).

그러나 Tom Shakespeare가 지적했듯이 모든 장애예방정책이 나쁜 것은 아니며 대부분의 장애인이 실제로 공중보건정책을 필요로 한다. 인권모델에서는 예방은 일차 예방과 관련된 것이 아니라 어린이와 노인을 포함한 추가 장애를 예방하기 위한 이차예방 프로그램과 관련이 있으며, 인권차원에서 장애인의 건강 권리, 즉 장애인을 위한 일반 및 전문 의료 서비스에 대한 동등한 접근이 필요하다. 또한 서비스는 커뮤니티 기반이어야 하며 자유권과 장애인의 존엄성에 민감해야 하며, 의료 서비스 제공 또는 거부를 통한 차별은 금지되고 방지되어야 한다(Theresia Degener, 2016).

요컨대, 사회모델은 장애를 설명하기 위한 틀을 제공하지만, 정부가 장애인의 권리를 증진시키기 위해 사전 조치를 취할 필요는 없다. 그러나 인권모델은 각 공공영역에서 장애인의 권리를 지지, 증진 및 보호하기 위해 정부가 취해야 할 조치를 설명하여야 한다. 또한 4년마다 장애인의 권리를 증진시키기 위해 취한 조치에 대해 유엔에 보고 할 것을 정부에 요구하며, 정부에 영향을 미칠 수 있는 모든 새로운 정책, 법률 및 프로그램 개발에 있어 장애인과 적극적으로 협의하도록 하고 있다.

예를 들어 휠체어를 사용하는 장애학생이 학교에 편의시설이 설치되어 있지 않아 못 다닌다면 사회모델에서는 모든 장애학생들이 접근할 수 있도록 설계되지 않았기 때문에 학교가 문제라고 간주한다. 이에 비하여 인권모델에서는 장애학생이 자신이 선택한 학교에 접근할 권리가 있으며, 모든 학교 시설에 완전히 접근할 수 있도록 정부가 법률, 지침 및 기준을 마련하도록 요구한다. 또한 정부에게 장애학생이 모든 학교생활에 동등하게 참여할 수 있도록 모든 추가적인 지원을 제공할 것을 주장한다. 다음은 인권모델의 사례이다.

호주 정부의 채용활동(Recruit Ability) 보장 인터뷰 제도

2017년 장애인의 실업률은 전국 평균의 두 배였다. 또한 호주 공무원으로 일하는 직원의 3.6%만이 장애가 있는 것으로 확인되었다. 그러나 실제로 노동가능한 장애인은 호주 인구의 거의 15%를 차지하고 있었다. 호주 공공서비스위원회 (Australian Public Service Commission)는 모든 정부 부서에서 이 문제를 해결하기 위한 계획을 발표했다. 이 계획은 채택되었고, 이 제도에 따라 공석으로 채용공고가 날 경우 공석의 최소 요건을 충족시키는 장애가 있는 구직자가 자동적으로 채용되게 되었다(DARU: http://www.daru.org.au/)..

지금까지 살펴본 것처럼 장애의 인권모델은 뇌성마비장애인의 여가문화활동의 참여촉진을 위해서도 반드시 필요한 관점이다. 특히 인권모델은 장애인을 모든 문제에 영향을 미치는 전문가로 인식할 수 있다. 장애가 있는 사람들은 그들에게 영향을 미치는 모든 문제에 있어서 적극적인 이해당사자들로서 그들 자신의 삶에서 전문가들이다. 인권모델은 이러한 인식 하에 장애인의 적극적인 참여에 중점을 두고 각 개인이 어떤 지원을 필요로 하는지, 그리고 이러한 지원이 제공되어야 하는 지에 대한 조건은 결정할 수 있도록 한다(DARU: http://www.daru.org.au/).

뇌성마비장애인이 시민으로서 다양한 여가문화활동에 참여하고 함께 살아가는 공생사회를 만들기 위해서는 인권모델의 관점에서 장애인권리협약에서 규정되고 있는 인간존엄성의 존중에 따른 사회의 여러 장벽과 차별, 배제를 없애기 위한 사회제도, 법, 환경 등의 개선을 위한 장애인당사자운동 및 사회적 차원의 노력이 필요하다.

04

한국에의 시사점: 일본의 사례 『장애평등연수』

장애인의 사회참여를 실현하기 위해 사회를 변화하도록 하는 실천적 사례로서 2014년부터 久野研二 등이 소속된 국제협력기구(JICA)가 실시하고 있는 장애평등연수(Disability Equality Training: DET)활동을 들고자 한다. 장애평등연수는 인권연수이며 영국에서 장애인차별금지법(1995년 시행)을 추진하기 위한 연수로서 발전하여 왔다. 이하에서는 久野研二編著(2018)인 『사회의 장애를 찾아 보아요』(社會の障害をみつけよう)에서 기술되고 있는 장애평등연수를 중심으로 논의를 정리하고자 한다.

장애평등연수는 연수 참여자들이 장애인차별과 배제의 상황을 인식하고, 참여자 자신이 그 상황을 바꾸기 위해 행동의 주체가 되는 것을 목표로 한다. 이러한 목표를 달성하기 위해서는 장애를 차별과 불평등, 배제와 참여의 제약으로 생기는 문제에서 벗어나는 관점, 바꾸어 말해 사회와 환경을 장애라는 점에서 분석하는 관점을 가지는 것, 그리고 이 관점을 바탕으로 다양성을 근거한 공생사회를 만들어 가는 구체적인 행동을 만드는 것, 이 두 가지를 실현하는 것이 중요하다. 장애의 사회모델 관점에서는 차별금지와 환경정비와 합리적인 편의제공을 위한 구체적인 행동을 형성하는 것이다.

장애평등연수의 최종적인 목표는 참여자가 장애인의 사회참여를 실현하기 위해 사회를 변화하는 행동을 하는 것, 사회변혁의 행동가가 되는 것이다. 단순히 장애에 대해서 지식을 얻는 것이 아니라 사회를 구성하는 우리들 한 사람 한사람이 행동하는 사람이 됨으로써 이 사회가 다양성에 기초한 공생사회로 갈 수 있다고 하는 것이다.

이를 실현하기 위해 장애평등연수에서는 배제와 차별이 일어나지 않는 사회만들기를 위한 행동을 생각해 내었다. 이것을 근거로 법률과 제도, 서비스에 반영하여 행동에 대한 지원의 중요한 방법을 만든다. 그 방법으로는 차별의 원인과 구조의 분석과 토의, 차별의 경험을 분석한 역할놀이, 그리고 자신을 이러한 사회만들기의 주체가 되기 위한 행동만들기 등이 있다.

장애평등연수는 장애인이 기획자가 된다. 그 이유의 하나는 장애를 차별이나 불평등으로서 직접 경험한 사람이 장애라는 과제의 대화진행자 역할로 적합하기 때문이다. 또한 장애인 자신이 기획자가 되는 것은 참여자로서 직접 눈으로 보이는 구체적인 사회참여의 신뢰도 되기 때문이다. 지금까지 도와야 할 존재로 보여온 장애인이 기획자가 되어 참여자의 배움을 지원하는 입장이 되는 것은 스스로 갖고 있는 장애인에 대한 "나는 돕는 사람으로 장애인은 도와야 할 존재다"와 같은 선입관이나 고정관념을 바꾸는데 보다 효과적이라고 생각되기 때문이다. 자기 자신이 새로운 관계의 모습을 체험하는 것은 단지 지식으로서 평등을 배우는 것과는 비교할 수 없는 커다란 영향력을 가질 것이다.

장애평등연수가 중요하다고 생각하고 있는 것은 다양한 사람들이 평등하게 사회에 참여할 수 있는 공생사회의 실현을 목표로 하는 행동이다. 사람이 기능적으로 어느 일정의 상태에 있는 것이 사회에 참여하는 전제조건이 되는 듯한 해결 방법은 취하지 않는다. 즉, 통합된 관점에서 '사회 또는 환경을 바꾸는'행동이다. 그것은 장애인을 사회에 '적응시키는(장애인을 변화시키는)'행동이 아니며, 장애인이 생각한 행동을 계획하고 실천하며 장애인 자신이 주체적으로 참여할 수 있는 것을 중요시 하는 것이다(久野研二, 2018 : 14-73).

지금까지 요약한 久野研二編著(2018)의 장애평등연수에 기초하여 한국의 뇌성마비장애인의 QOL을 향상하기 위한 시사점과 그 방안에 대하여 제언하면 다음과 같다. 『장애평등연수』는 사회와 환경의 관점에서 장애에 대한 차별금지와 환경정비, 합리적인 편의제공을 위한 구체적인 행동을 강조하는 것이다. 본 연구의 대상인 뇌성마비장애인이 보다 활발하게 여가문화활동에 참여하기 위해서는 뇌성마비장애인은 물론 우리 모두가 사회를 변화시키기 위한 행동을 하는 것이 필요하다. 사회구성원 한 사람, 한사람이 사회참여의 장애가 되는 원인을 찾고, 그 원인을 해결하기 위하여 사회변화를 위한 행동에 나설 때 다양한 사람의 참여가 이루어지는 공생사회로 나갈 수 있을 것이다.

뇌성마비장애인의 활발한 여가문화활동의 참여가 가능한 사회는 우리 모두에게 편리하고 유익한 사회환경이 갖추어진 사회이며, 뇌성마비장애인의 QOL 향상뿐만 아니라 우리 사회 모든 구성원의 QOL 향상에 기여할 것이다.

따라서 우선적으로 뇌성마비장애인이 사회참여에서 느끼는 장벽과 불평등, 차별을 권리침해라는 관점에서 이해하고, 왜 차별적 사회가 만들어졌는지에 대하여 그 원인과 구조를 이해하는 것이 필요하다. 이러한 이해에서 사회의 일원인 '자신'도 장애인을 차별하는 사회를 만들어 온 한 사람으로서 인식하는 것이 필요하며, 사회변화를 위한 행동의 주체가 되는 것이 필요하다. 구체적으로는 뇌성마비장애인은 물론 사회적 약자들의 사회참여를 촉진하기 위한 방법을 만들어 내는 행동을 만들어 내고 그것을 지속적으로 실천하여 가는 방법의 모색이 필요하다. 특히 사회적 인식, 법률과 제도, 서비스의 변화를 위한 행동과 그 행동을 지원하기 위한 다양한 노력이 필요하다.

장애평등연수에서는 장애인이 기획자가 되어, 도움이 필요한 존재에서 참여자로의 연수를 지원하는 입장으로 전환하며, 장애인들이 새롭게 자신을 경험하는 기회도 갖게 된다. 사회환경 속에 있는 장벽은 아는 만큼, 경험한 만큼 안다. 뇌성마비장애인이 아니면 사회적 장벽을 정확하게 이해하려고 하여도 체감이 안되는 부분이 많다. 이런 관점에서 뇌성마비장애인은 사회적 장벽의 문제를 구체적으로 알고 개선방법을 제안

할 수 있는 실제적인 전문가라 할 수 있다. 실제적인 전문가이며, 뇌성마비 전문가인 뇌성마비장애인이 사회환경 개선을 위한 제도나 정책, 서비스 등의 입안자가 된다면 보다 실질적으로 뇌성마비장애인의 QOL 향상에 도움이 될 것이다. 나아가 우리 모두의 QOL 향상을 위한 사회적 조건의 향상이 이루어질 것이다. 이는 다양한 사람들의 활발한 사회참여를 가져오게 하여 다양성에 기초한 공생사회 실현의 디딤돌이 될 것이다.

요컨대 뇌성마비장애인이 여가문화활동에 참여 할 수 있는 기회가 적다는 것은 뇌성마비장애인의 기능보다는 사회에 장애가 있는 것이다. 따라서 사회적 인식의 전환, 물리적 환경의 장벽, 경제적 여력 제공, 인력지원, 정보제공 부족 등의 제거를 통한 접근성을 높이기 위한 행동만들기와 합리적인 편의제공 등의 실천이 필요하다. 또한 뇌성마비장애인도 보다 평등한 사회를 만들어 가는 변혁의 행동주체로서 사회환경의 변화를 위해서 적극적으로 참여하는 것이 필요하다. 작은 행동 하나하나로 바뀌어 가는 사례를 체험하게 된다면 좀 더 사회를 변화시킬 수 있다는 실감으로 다가와 더욱 더 활발한 행동을 촉진시키고 그만큼 우리사회의 구성원 모두의 QOL을 향상시키는 좋은 기반이 될 것이다.

결론

QOL은 한 개인이 살고 있는 문화권과 가치체계의 맥락 속에서 자신의 목표, 기대, 규범, 관심과 관련하여, 객관적 생활환경, 건강상태, 생활에 대한 주관적인 만족감 등에 관한 객관적 · 주관적 평가를 말하므로, QOL에 대한 속성을 규정하거나 측정하기가 쉽지 않다. 따라서 장애인의 경우 장애인의 삶을 구성하는 특수한 욕구에 따라 QOL에 대한 평가가 다를 수 있다.

뇌성마비장애인의 경우 뇌병변장애의 하위분류 중 하나로 외상성 뇌손상, 뇌졸중과 같이 뇌병변장애로 분류되고 있지만 외상성 뇌손상, 뇌졸중과는 매우 다른 발생원인과 장애형성의 과정, 개인적인 경험을 가지게 된다. 따라서 뇌성마비장애인의 QOL에 대한 이해와 향상을 위해서는 뇌성마비장애인만을 대상으로 한 QOL에 대한 이해와 장애인복지정책의 방향설정이 필요하다.

그러나 현재 뇌성마비장애인에 대한 기본적인 현황 및 실태조사는 거의 이루어지지 않고 있으며, 뇌성마비장애인을 대상으로 한 QOL에 대한 연구는 드물게 이루어지고 있다. 따라서 본 연구는 뇌성마비장애인을 대상으로 하여, 생태체계변인, 사회적 지지, 자아존중감, 사회적 인식, QOL과 영성, 여가문화활동의 영향관계를 분석하고자 하였다. 그리고 뇌성마비장애인의 QOL에 의미있는 영향을 미치는 여가문화활동 중 여가문화활동에 대한 질적연구를 통하여 뇌성마비장애인에게 여가문화활동의 의미와 여가문화활동 참여 후 삶의 변화와 필요한 사회적 지지에 대하여 분석하고자 하였다. 또한 뇌성마비장애인의 여가문화활동과 관련된 QOL 향상을 위한 실천적 방안을 모색하기 위하여 일본의 사례를 보론에서 살펴보았다. 끝으로 일본에서 사회모델과 인권모델, 장애인권리협약에서 추구하는 모두가 함께 잘 살아가는 공생사회를 실현하기 위한 노력의 하나인 장애평등연수 등에 대하여 기술하고자 하였다. 본 연구의 결론은 다음과 같다.

Part 1에서는 뇌성마비장애인의 개념과 QOL에 대하여 살펴보고, Part 2에서는 뇌성마비장애인의 QOL에 영향을 미치는 생태체계변인을 인과적 경로분석을 통하여 분석하고, 자아존중감을 매개로 한 영향을 직접효과와 간접효과로 나누어 검증하였다.

검증 결과, QOL에 미치는 영향력 크기는 직접효과로 볼 때는 자아존중감, 여가문화, 가족지지의 순으로 나타났으며, 간접효과를 포함한 총효과로 볼 때는 QOL에 미치는 영향력의 크기는 여가문화, 가족지지, 사회적 인식의 순으로 나타났으며, 이를 고려한 정책적 제언을 하였다.

Part 3에서는 뇌성마비장애인의 사회적 지지가 QOL에 미치는 영향에 대한 자아존중감의 매개효과를 검증하였으며, 뇌성마비장애인의 QOL을 높이기 위해서는 사회적 지지도 중요하지만, 자아존중감이 중요한 변수임을 밝히고 사회적 지지와 자아존중감을 높이기 위한 정책적 제언을 하였다.

Part 4에서는 사회적 인식과 여가문화활동을 중심으로 뇌성마비장애인의 QOL에 미치는 영향을 검증하였다. 검증 결과, 뇌성마비장애인들이 긍정적인 사회적 인식을 가질수록, 여가문화활동을 많이 할수록, QOL을 높게 인식하고 있는 것을 알 수 있다. 여가문화활동 중에는 대중매체, 취미관련, 여행관련 활동을 많이 할수록 QOL이 높아지는 것으로 나타났으며 인구사회학적 속성으로는 남자일수록, 장애등급이 경증일수록, 취업자일수록 QOL이 높은 것으로 나타났으며, 이를 고려한 정책적 제언을 하였다.

Part 5에서는 제4장에서 뇌성마비장애인의 QOL에 의미있는 영향을 미친 여가문화활동 중 여가문화활동에 대한 질적연구를 하였다. 장애인복지관을 이용하는 뇌성마비장애인의 여가문화활동의 경험이 본인에게 미치는 의미와 여가문화활동 참여 후 삶의 변화에 대하여 분석하고자 하였으며, 분석결과, 뇌성마비장애인의 여가문화활동은 현실적인 한계로 '그림의 떡이다', '위험하다', '집 나가면 개고생이다'라는 현실에 부딪쳤지만 '비장애인과 함께 어울리게 되었다', 또한 '새로운 정보를 얻고 문제해결의 기회가 되었다', '성취감과 꿈이 생겼다'라는 결론에 이르게 되었다. 또한 여가문화활동의 어려움을 극복하기 위하여 '다양한 여가문화활동과 실시횟수, 장소의 증가 필요', '경제적 지원', '활동지원사의 증가', '의사소통개선'과 같은 제도개선의 필요성에 대한 인식을 가지게 되었으며, 이를 성취하고자 장애운동을 하고자 하는 동기가 생성되었다. 이러한 분석결과에 근거하여 여가문화활동을 통한 뇌성마비장애인의

QOL 향상을 위한 제언을 하였다.

Part 6에서는 뇌성마비장애인의 영성이 QOL에 미치는 영향을 분석하고, 그 영향에서 사회적 지지의 매개효과를 검증하였다. 검증 결과, 사회적 지지는 영성의 하위변수 중에는 '삶의 의미와 목적'과 '상호관계성'에서만 QOL 관계에서 매개효과를 나타남을 밝혔으며, QOL에 미치는 영성과 사회적 지지의 각 변수들에 대한 직・간접효과 및 총효과를 검증한 결과, 초월성과 내적통합성은 직접효과는 있고, 간접효과는 없는 것으로 나타났다. 삶의 의미와 목적과 상호성은 직접효과와 간접효과가 모두 있는 것으로 나타났다. 이들 변수들의 QOL에 미치는 총효과는 삶의 의미와 목적, 상호관계성, 내적 통합성, 초월성, 사회적 지지의 순으로 나타났으며, 이를 고려한 정책적 제언을 하였다.

보론에서는 여가문화활동이 뇌성마비장애인 QOL의 향상에 중요한 영향을 미치는 만큼 뇌성마비장애인의 사회참여를 촉진하기 위한 사회적 인식의 변화와 인권원칙에 기반한 인간존엄성의 존중, 장애 당사자 및 사회적 노력의 일환인 장애인권리협약, 사회모델, 인권모델, 장애평등연수 등을 기술해 한국의 시사점을 찾았다.

지금까지의 본 연구의 결론에 기반하면 뇌성마비장애인의 QOL은 뇌성마비장애인이 처한 개인적 삶 및 사회적 상황에 따라 다르지만 생태체계변인, 사회적 지지, 자아존중감, 사회적 인식, 여가문화활동, 뇌성마비장애인의 영성(삶의 의미와 목적의 상호관계성) 등은 QOL과 밀접한 영향관계를 가지고 있다. 특히 여가문화활동은 QOL에 매우 중요한 영향을 미친다.

뇌성마비장애인에게 여가문화활동은 사회의 차별과 불평등을 느끼는 커다란 장벽으로 다가오기도 하지만, 비장애인과 어울리는 기회가 되고, 성취감과 꿈이 생겼다는 긍정적 효과를 가져왔다. 또한 사회적 장벽을 없애기 위해 노력하는 장애운동과 사회적 인식을 변환시키는 계기가 되기도 한다. 그럼에도 불구하고 뇌성마비장애인이 여가문화활동에 참여 할 수 있는 기회가 적다는 것은 뇌성마비장애인의 기능과 아울러 사회에 장애가 있는 것이다.

장애 즉, 본 연구에서 뇌성마비장애인의 QOL을 결정하는 중요한 요인 중의 하나인 여가문화활동의 참여는 그동안 장애인의 권리로서 인정되지 못하였다. 물론 장애인 복지관련 법규나 장애인권리협약에는 보편적 시민의 권리로 보장에 대한 노력이 규정되어 있지만 실질적으로 권리의 행사가 거부되어 왔다. 여가문화활동의 사회참여 기회의 부족 및 장벽은 개인의 기능적 부족이 원인인 부분도 있지만 사회환경의 문제 즉, 사회적 배려와 차별 등의 사회의 문제, 인권의 차원에서 인간존엄성 존중의 부족과 다양한 장애에 대한 국가적 사회적 지지의 부족에 의해 초래되는 부분이 크다고 할 수 있다.

사회모델은 이러한 이념에 기반하여 사회적 인식의 전환과 사회적 노력을 촉구하는 것이며, 장애를 치료, 교육의 대상으로 보는 것이 아니라 장애인권리협약에 규정되어 있는 것처럼 사회환경을 바꾸기 위한 장애인 당사자의 관점, 권리 주체의 관점으로 전환을 의미한다.

인권모델은 사회모델의 보완으로써 인간의 고유성과 존엄성 초점을 둔다. 개인에게 미치는 다양한 장애의 특성과 정체성을 인정하고, 모든 장애인의 인권을 보편성으로 보호를 받아야 한다고 한다. 또한 사회적 장벽의 제거 이외에도 사회적・경제적・문화적 권리, 인권뿐만 아니라 정치 등을 포괄하는 다양한 지원의 필요성을 주장한다.

사회모델에 따르면 뇌성마비장애인이 여가문화활동을 하는데 제약을 받는 것은 뇌성마비장애인에게 불편함을 주는 사회구조, 사회적 장벽(물리적 환경, 제도, 규칙, 관행, 관념 등)이 문제이므로, 사회적 인식의 전환, 물리적 환경의 장벽, 경제적 여력 제공, 인력지원, 정보제공 부족 등의 제거를 통한 접근성을 높이기 위한 사회적 지지, 행동만들기와 합리적인 편의제공 등의 실천이 필요하다. 즉, 뇌성마비장애인의 여가문화활동 참여를 장애인의 권리로 인정하고 사회환경의 개선과 합리적인 편의제공을 강조하는 사회모델의 이념을 실천하는 노력이 필요하다.

한편, 인권모델에 따르면 뇌성마비장애인이 여가문화활동을 하는데 제약을 받는 것은 법 앞에서 평등한 한 사람으로서 인정받아야 할 권리인 인권보장이 되지 못하기 때문이다. 장애인이 자신의 고유한 가치를 인정받기 위해서는 모든 장애인의 인권과 기본적 자유를 완전하게 동등하게 향유할 권리를 보장하여야 한다. 따라서 뇌성마비장애인의 여가문화활동을 인권으로서 보장하기 위해서는 여가문화활동의 참여의 장벽을 제거하고, 뇌성마비장애인의 개별적 장애 특성에 따른 개별성과 정체성을 인정한 다양한 권리행사를 할 수 있는 지원이 필요하다. 특히 뇌성마비장애인 중 다차원적으로 의존이 필요한 장애인의 경우도 인권으로서 여가문화활동이 가능하도록 국가와 사회에 적절한 조치를 요구해야 한다.

이를 위해서는 첫째, 장애인의 여가문화활동을 인권차원에서 보장하기 위한 장애인 인권에 대한 모니터링, 인권개선 성과의 평가, 포괄적 인권교육 등이 필요하다. 둘째, 장애인의 여가문화활동에 대한 편견을 줄이기 위해 사회인식의 전환, 홍보, 교육실시 등이 필요하다. 셋째, 집밖으로의 외출, 목적지까지의 이동, 목적지에로의 접근 등이 가능한 대중교통, 공공시설 및 건축물, 정보통신, 의사소통 지원서비스, 주차 등 물리적 환경의 제도적 정비가 필요하다. 넷째, 의존이 필요한 장애인들에게 활동지원서비스와 같은 인적자원을 위한 제도적 정비가 필요하다. 또한 현실적으로 부족한 인적자원의 지원을 위한 자원봉사조직과 여가문화활동 관련 민간단체의 연계와 지원, 여행정보의 제공을 위한 네트워크의 구축도 모색되어야 할 것이다. 다섯째, 여가문화활동 참여의 적극적 실천을 위한 장애운동의 지원, 정부에 영향을 미칠 수 있는 새로운 정책, 법률의 제안이 필요하다. 여섯째, 보다 다양한 여가문화활동 프로그램의 개발과 여가문화활동을 하고자 하는 뇌성마비장애인에 대한 전문인력의 지원과 상담이 필요하다. 끝으로 뇌성마비장애인도 보다 평등한 사회를 만들어 가는 변혁의 행동주체로서 사회환경의 변화를 위해서 적극적으로 참여하는 노력이 필요하다.

우리나라에서는 이미 헌법, 장애인복지법, 장애인인권선언, 장애인권리협약 등의 법규에서 문서상으로는 장애인의 여가문화활동 지원을 위한 권리를 보장하고 있으며 이를 위해 정부와 사회는 그 의무를 천명하고 있다. 그러나 대부분의 뇌성마비장애인들은 이러한 내용이 선언적 의미에 머물러 있으며 현실적으로 많은 제약이 있어 실질적인 지원에 많은 제한과 어려움이 있다고 호소하고 있다. 때문에 뇌성마비장애인이 이러한 현실적 어려움을 극복하고 실질적인 여가문화활동 참여가 가능하도록 사회를 변화시키기 위한 실천적 노력이 필요하다.

이러한 노력의 일환으로 이루어지 있는 일본에서 실천되고 있는 장애평등연수는 바람직한 사례가 될 것이다. 장애평등연수에서 실천하고 있는 사례, 작은 행동 하나 하나로 바뀌어 가는 사례를 체험하게 된다면 좀 더 사회를 변화시킬 수 있다는 실감으로 다가와 더욱더 활발한 행동을 촉진시키고 그만큼 뇌성마비장애인의 QOL이 높아질 것이며, 이는 우리사회의 구성원 모두의 QOL을 향상시키는 좋은 기반이 될 것이다.

본 연구는 그간 이루어지지 않았던 뇌성마비 장애를 대상으로 뇌성마비장애인의 QOL에 관련하여 연구를 진행하였다. 그리고 분석 결과에 바탕을 두고 뇌성마비장애인의 QOL의 향상, 특히 여가문화활동의 향상을 사회모델과 인권모델의 관점에서 장애평등연수와 같은 실천방안을 제언하고 있다는 것에 연구의 의의가 있다고 할 수 있다. 그러나 본 연구의 조사대상들이 장애인복지관과 장애인자립생활센터의 뇌성마비장애인 일부만을 대상으로 하여 연구결과를 일반화하는 데 한계가 있으며 대표성의 보완을 위하여 표집대상자의 확대 등이 필요하다.

본 연구의 내용을 요약하면 **[그림 7]**과 같다.

한국 뇌성마비장애인의 QOL에 대한 이해 -여가문화활동을 중심으로-

Part 1 뇌성마비장애인의 개념과 QOL의 기초적 이해

본 연구는 선행연구에서 QOL에 영향을 미치는 주요인으로 밝혀진 사회적 지원, 생태체계 변인, 자아존중감, 사회적 인식, 여가문화 활동, 영성과의 영향관계를 분석하고자 한다. 또한 뇌성마비 장애인의 삶의 중요성에 영향을 미치는 여가문화활동 증대를 위한 실천적 방안 모색으로 장애인권리협약에 의거한 사회모델, 인권모델, 장애평등 연수에 대해 검토해 시사점을 찾고자 한다.

Part 2 뇌성마비장애인의 생태체계 변인과 QOL

〈연구모델〉

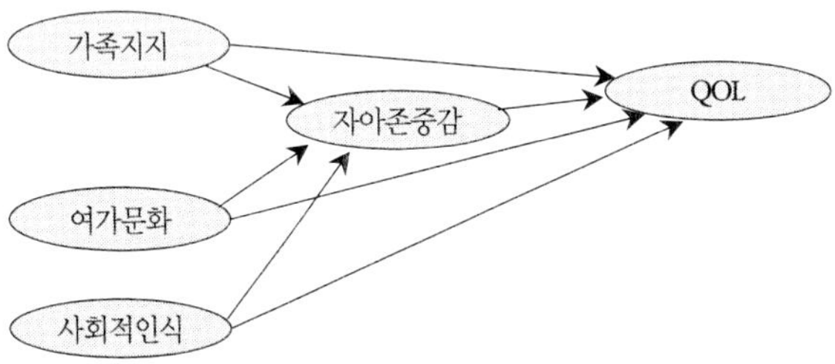

〈연구 결과〉

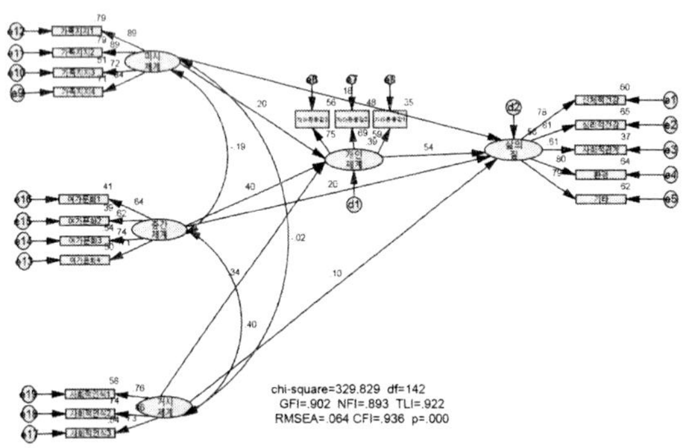

〈소결〉

- QOL에 미치는 직접적 효과는 자아존중감, 여가문화, 가족지지 순으로 나타났다.
- 간접효과를 포함한 총효과에서 QOL에 미치는 영향의 크기는 여가문화, 가족지지, 사회적 인식의 순으로 나타났다.
- 본 연구에서 여가문화가 QOL에 미치는 영향은 생태체계 변인 중 직접효과에서는 두 번째로, 간접효과에서는 가장 중요한 요인으로 밝혀졌다.

Part 3 뇌성마비장애인의 사회적 지지와 QOL-자아존중감의 매개효과를 중심으로-

〈연구모델〉

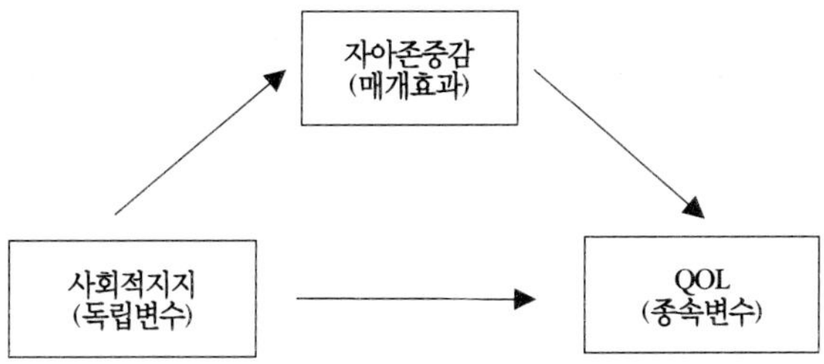

〈소결〉

- 사회적 지지는 자아존중감에 정적 영향을 미치는 것으로 나타났다.
- 장애인의 사회적 지지 중 친구·주변의 지지가 QOL에 가장 영향을 미친다는 점에서 자아존중감이 매개역할을 하는 중요한 변수임이 검증되었다.
- 남성과 취업자의 QOL에 대한 향상도 필요하지만 여성과 비취업자에 대한 사회적 지지가 더욱 필요하다는 것을 시사한다.
- 장애가 심할수록 사회적, 경제적, 심리적 제약을 많이 받고, 이는 자아존중감을 낮게 하여, QOL이 낮아지게 됨으로 장애의 정도, 형태 등에 따른 다양한 지원이 필요하다.

Part 4 뇌성마비장애인의 사회적 인식, 여가문화활동과 QOL

〈연구모델〉

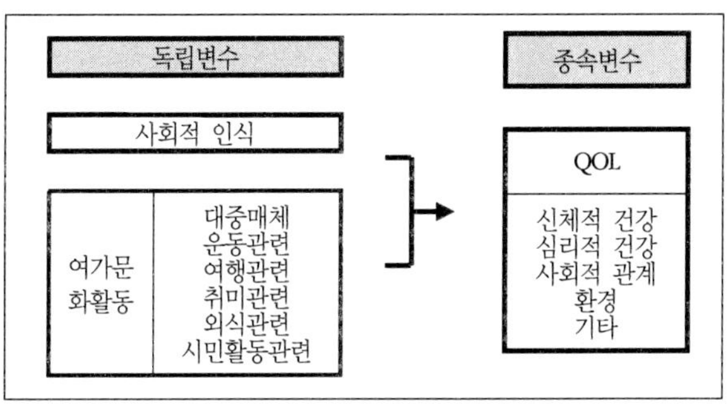

〈소결〉

- 다수의 뇌성마비장애인의 경제적인 QOL을 높이기 위한 제도적 지원이 필요하다.
- 사회적 관계와 관련된 QOL이 가장 낮게 나타났다. 따라서 친구로부터의 지원, 인간관계 등 사회적 관계와 관련된 QOL을 높이기 위한 지원이 필요하다.
- 뇌성뇌성마비 장애인들이 긍정적인 사회적 인식을 가질수록, 여가문화 활동을 많이 할수록 QOL을 높게 인식하고 있는 것으로 나타났다.
- 위계적 회귀분석을 실시한 결과 장애가 경증일수록 취업자일수록 QOL이 높은 것으로 나타났다.
- 여가문화 활동 중에는 대중매체, 취미관련, 여행관련 활동을 많이 할수록 QOL이 높은 것으로 나타났다.

Part 5 뇌성마비장애인의 여가문화활동과 QOL에 대한 질적 연구

〈연구과제〉

뇌성마비 장애인의 여가문화활동이 뇌성마비 장애인 QOL에 가져오는 변화에 대하여

- 뇌성마비 장애인의 여가문화 활동이 본인에게 어떤 의미인가?
- 여가문화활동 참여 후 이들의 삶이 어떻게 변화되었는가?
- QOL을 향상시키기 위해서는 여가문화활동과 관련하여 어떠한 지원이 필요한가?

〈소결〉

- 여가문화활동은 현실적인 제한으로 인해 '그림의 떡이다', '위험하다', '집 나가면 개고생이다'는 현실에 부딪혔다.
- '비장애인과 함께 어울리게 되었다', '새로운 정보를 얻어 문제 해결의 기회가 되었다', '성취감과 꿈이 생겼다'는 결론에 이르렀다.
- 제도개선의 필요성에 대한 인식을 갖게 되었고, 이를 성취하기 위한 장애운동에 대한 동기가 생성되었다.

Part 6 뇌성마비장애인의 영성과 QOL

〈연구모델〉

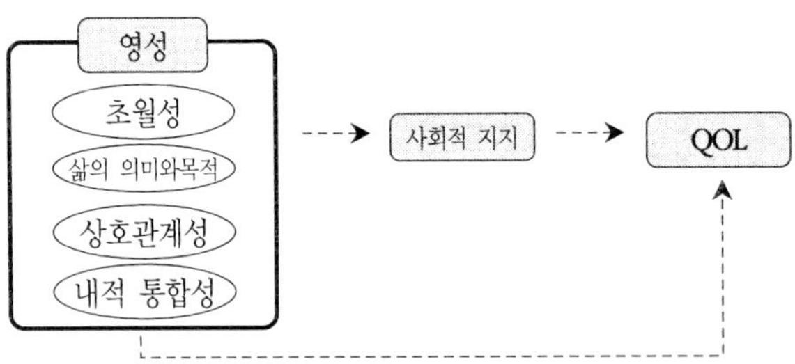

〈연구과제〉

- 뇌성마비 장애인의 영성은 QOL에 영향을 미치는가
- 뇌성마비 장애인의 사회적 지지는, 뇌성마비 장애인의 영성이 QOL에 미치는 영향에 매개효과가 있는가?

〈소결〉

- '초월성', '삶의 의미와 목적', '상호관계성', '내적 통합성' 모두 QOL에 직접적으로 유의미한 정(+)적인 영향을 미치는 것으로 분석되었다.
- '삶의 의미와 목적'과 '상호관계성'만이 사회적 지지에 유의미한 정(+)적인 영향을 미치는 것으로 나타낸다.
- '초월성'과 '내적 통합성'은 직접 효과는 있지만 간접적 효과는 없는 것으로 나타났다.
- '삶의 의미와 목적'과 '상호관계성'은 직접효과와 간접효과가 모두 있음을 보여줬다.

보론: 뇌성마비장애인의 사회참가(여가문화활동)를 위한 일본사례의 시사점

- 여가문화활동이 뇌성마비 장애인의 QOL을 향상시키는 데 중요한 영향을 미치는 만큼, 뇌성마비 장애인의 사회참여를 촉진하기 위한 사회적 인식의 변화와 인권원칙에 기초한 인간 존엄성의 존중, 장애 당사자 및 사회적 노력의 일환인 장애인권리협약, 사회모델, 인권모델, 장애평등연수 등을 기술하여 한국의 시사점을 제언하였다.

종장	
〈본 연구의 결론〉 ▪ 사회적 지지, 자아존중감, 생태체계 변인, 사회적 인식, 여가문화활동, 영적(삶의 의미와 상호관계성) 등은 뇌성마비 장애인의 QOL과 밀접한 영향관계를 가지고 있다. ▪ 특히 여가문화활동은 QOL에 매우 중요한 영향을 미친다. 사회적 장벽을 없애기 위해 노력하는 장애운동과 사회적 인식을 변환시키는 계기가 되기도 한다. ▪ 여가문화활동의 사회참여 기회의 부족 및 장벽은 사회적 배려와 차별 등 사회의 문제, 인권차원에서 인간 존엄성 존중의 부족과 다양한 장애에 대한 국가적 사회적 지원 부족으로 초래되는 부분이 크다고 할 수 있다. ▪ 여가문화활동을 인권으로 보장하기 위해서는 개별 장애 특성에 따른 개별성과 정체성을 인정한 다양한 권리행사를 할 수 있는 지원이 필요하다.	〈장애인의 여가문화활동을 인권차원에서 보장하기 위해서는〉 ▪ 인권 모니터링, 인권개선 성과의 평가, 포괄적 인권교육 ▪ 여가문화활동에 대한 편견을 줄이기 위해 사회 인식 전환, 홍보, 교육 실시 ▪ 외출, 이동 등 목적지로의 접근 등 가능하도록 물리적 환경의 제도적 정비 ▪ 활동지원서비스와 같은 인적자원을 위한 제도적 정비, 네트워크 구축 ▪ 여가문화활동 참여의 적극적 실천을 위한 장애운동 지원, 정부에 영향을 미칠 수 있는 새로운 정책, 법률 제안 ▪ 다양한 여가문화활동 프로그램 개발과 여가문화 활동을 하고자 하는 뇌성마비 장애인에 대한 전문인력 지원과 상담 ▪ 변혁의 행동주체로서 사회환경의 변화를 위해 적극적으로 참여

한국에서의 시사점
▪ 장애인의 여가문화활동은 사회모델과 인권모델 실천의 주요사례로 제공되어야 한다. ▪ 이러한 노력의 일환으로서 일본에서 실천되고 있는 「장애평등연수」는 바람직한 사례가 된다. ▪ 「장애평등연수」에서 실천하고 있는 작은 행동 하나하나가 변하는 사례를 체험하게 된다면 좀 더 사회를 변화시킬 수 있다는 실감으로 다가와 더욱 활발한 행동을 촉진시키고, 그만큼 뇌성마비 장애인들의 QOL이 높아질 것이다.

초출일람(初出一覽)

제 2 장은 뇌성마비장애인의 삶의 질에 영향을 미치는 생태체계변인분석. 인문사회과학연구(2017). 18(1): 369-406. 부경대 인문사회과학연구소.

제 3 장은 사회적 지지가 뇌성마비장애인의 삶의 질에 미치는 영향.-자아존중감의 매개효과를 중심으로-(2015). 재활복지. 19(4): 61-81.

제 4 장은 뇌성마비장애인의 사회적 인식과 여가문화활동이 삶의 질에 미치는 영향. 한국케어복지연구(2015). 10(1): 223-243.

제 5 장은 뇌성마비장애인의 여가문화활동과 삶의 질에 대한 질적 연구. 가톨릭상지대학교 논문집(2017). 42: 1-22.

제 6 장은 뇌성마비장애인의 영성이 삶의 질에 미치는 영향. 사회과학연구(2017). 28(4): 97-120. 충남대학교 사회과학연구소.

참고문헌

김현우 · 김대원(2013). 성인 뇌성마비장애인의 삶의 질에 영향을 미치는 요인에 관한 연구. 한국장애인복지학. 21: 193-212.

박희찬(2016). 뇌성마비장애인 출현율 연구의 동향과 과제. 지체 · 중복 · 건강장애연구. 59(4): 1-20.

제1장

강서뇌성마비복지관(2016). 뇌성마비장애인을 위한 복지가이드북. 강서뇌성마비복지관.

권미지(2009). 뇌성마비아동 보호자의 삶의 질 측정과 물리치료 서비스의 만족도 조사. 대한물리치료학회지. 21(2): 55-63.

김계하(2005). 미혼 여성의 음주양상과 흡연정도 및 우울에 관한 연구. 이화여자대학교 대학원, 석사학위논문.

김광득(2001). 여가와 현대사회. 백산출판사.

김윤정 · 이상진(2017). 한국장애인의 건강상태, 복지서비스이용과 가족 및 사회적 지지가 삶의 질에 미치는 영향. 예술인문사회융합멀티미디어 논문지. 7(5): 615-624.

김윤혜(2001). 뇌성마비 학생의 교육관계가 자아존중감에 미치는 영향. 대구대학교 특수교육학과, 박사학위논문.

김재운(2003). 교사의 스포츠형 여가문화활동 참가와 교직스트레스, 교직만족 및 자아실현의 관계. 서울대학교, 박사학위논문.

김재익(2011). 뇌성마비장애인의 특성과 직업유지에 미치는 예측요인 분석. 뇌성마비장애인의 사회통합과 삶의 질 향상을 위한 사회지원체계와 다양한 서비스 구축 방안 심포지움. 한국뇌성마비복지회.

김지현(2017). 청소년의 아동학대 피해경험과 학교폭력 피해경험이 자살생각에 미치는 영향-사회적 지지의 조절효과를 중심으로. 서울기독대학교 대학원 박사학위논문.

김현우 · 김대원(2013). 성인 뇌성마비장애인의 삶의 질에 미치는 요인에 관한 연구. 한국장애인복지학. 21: 193-212.

남희은(2015). 지체장애인의 사회적 차별인식이 삶의 질에 미치는 영향에 관한 연구. 한국장애인복지학. 30: 117-143.

노효련 · 안소윤(2001). 문헌을 통한 국내뇌성마비의 80년대부터 90년대까지의 동향연구. 대한물리치료학회지. 13(2): 459-465.

박승희(2002). 한국장애인의 삶의 질 측정도구 개발연구. 특수교육학연구. 37(2): 41-78.

박현옥 · 이한나(2006). 삶의 질 향상을 위한 일상생활환경의 만족도에 관한 연구(충남 홍성군을 중심으로). 한국생활과학회지. 15(1): 83-93.

박현일 · 박원희(2015). 장애인 평생학습을 위한 여가문화 연구. 장애인평생교육 · 복지연구. 1-2: 71-96. 한국장애인평생교육복지학회.

안혜영(2012). 뇌병변 환자의 생태체계적 요인이 삶의 질에 미치는 영향. 건국대학교 대학원, 석사학위논문.

오혜경, 백은령(2003). 장애인의 삶에 대한 만족도 결정요인. 한국직업재활학회. 13(2): 157-181.

유정완 · 김규태 · 김아람 · 최승욱(2017). 성인 뇌성마비의 관절가동범위가 건강관련 삶의 질에 미치는 영향. 한국체육과학회지. 26(2): 1189-1198.

유정완 · 김선화 · 이소은(2016). 성인 뇌성마비장애인의 건강관련 삶의 질에 미치는 영향 요인분석. 한국발육발달학회지. 24(2): 56-61.

이달엽(1998). (재활상담을 위한)장애편람. 대구대학교출판부.

이병희 · 송창호 · 김남조 · 백지영(2007). 학령기 중증 뇌성마비아동의 건강관련 삶의 질에 관한 연구. 코칭능력개발지. 9(1): 207-271.

이예슬 · 오덕원(2017). 학령기 경직성 뇌성마비 아동 부모의 삶의 질과 아동의 삶의 질 및 기능과 일상생활활동 수행 수준의 관련성. 한국전문물리치료학회지. 24(1): 51-60.

이재원 · 정은정 · 이병희(2013). 학령기 뇌성마비아동의 삶의 질에 대한 연구. 특수교육재활과학연구. 52(2): 281-296.

이지원 · 어용숙 · 김영혜(2005). 뇌성마비 아동 어머니의 삶의 질에 영향을 미치는 요인. 지체.중복.건강장애연구. 46: 203-217.

임근식(2012). 지역주민이 삶의 질 인식과 영향요인에 관한 연구. 한국행정과 정책연구. 10(1): 47-89.

정승원(2014). 청각장애인의 장애수용이 자아존중감에 미치는 전망적 효과에 관한 연구. 장애와 고용. 24(1): 167-197.

정일교(2018). 뇌성마비장애인 복지정책분석. 가톨릭상지대학교 논문집. 43: 69-98.

______(2017). 뇌성마비장애인의 삶의 질에 영향을 미치는 생태체계변인분석. 인문사회과학연구. 18(1): 369-406.

______(2015a). 사회적 지지가 뇌성마비장애인의 삶의 질에 미치는 영향. 재활복지. 19(4): 61-81.

______(2015b). 뇌성마비장애인의 사회적 인식과 여가활동이 삶의 질에 미치는 영향. 한국케어복지연구. 10(1): 223-243.

정일교 · 김만호(2016). 장애인복지론. 서울: 양서원.

초의수(2016). 뇌성마비장애인 실태조사 및 맞춤형 지원방안 연구. 부산복지개발원.

최철순(2017). 성인 뇌성마비의 관절가동범위와 신체기능의 관계 분석. 한국체육과학회지. 26(1): 961-969.

한국보건사회연구원(2015). 2014년 장애인실태조사. 보건복지부. 136-137.

한국장애인개발원(2013). 뇌성마비장애인 실태조사 및 맞춤형 지원방안 연구. 중앙장애아동·발달장애인지원센터. 한국장애인개발원.

한국장애인개발원(2017). 2017 장애인백서.

Baron, R.M.& Kenny, D.A.(1986). *The moderator variable distinction in social psychological research: Conceptual, strategic and statistical consideration*. Journal of Personality & Social Psychology. 51: 1173-1182.

Berger, R. J. (2016). 장애란 무엇인가? 장애학 입문(박승희, 우중완, 박지연, 김원영 역.) 서울: 학지사(원저 2013 출판).

Bjomskov, C., Dreher, A., and Fischer, J.A.V.(2007). On Gender Inequality and Life Satisfaction: Does Discrimination mature?. LOF Working Paper. 161.

Butler, J., & Ciarrochi, J.(2007). *Psychological acceptance and quality of life in the elderly*. quality Life Res. 16(4): 607-615.

Cansu, A., Secil, O., & Tezcan, S.(2006). *Prevalence of cerebral palsy in Turkish children between the ages of 2 and 16 years.* Developmental Medicine and Child Neurology. 48(6): 413-416.

Claes, C., Vandenbusche, H., & Lombardi, M.(2016). Human rights and quality-of-life domains: Identifying cros-cultural indicators. In R. L. Schalock & K. D. Keith(Eds.), Cros, cultural quality of life: Enhancing the lives of people with intelectual disabilty(2nd ed., 167-174). Washington, DC: American Asociation on Intelectual and Developmental Disabilties.

Compton, B. R., and Gallaway, B.(1999). Social work process, 6th ed. Pacific Grove, CA: Brooks/ Cole Publishing Compan.

Dalvand H, Dehghan L, Feizy A, et al.(2009). *Effect of the bobath technique, conductive education and education to parents in activities of daily living in children with cerebral palsy in Iran.* Hong Kong J Occupation Therapy. 19(1):14-19.

Dardas, L. A., & Ahmad, M. M.(2014). *Validation of the world health organization's quality of life questionaire with parents of children with autistic disorder*. Journal of Autism and Developmental Disorders. 4(9): 257-263.

Dolk, H., Parkes, J., & Hill, N.(2006). *Trends in the prevalence of cerebral palsy in Northern Ireland, 1981-1997.* Developmental Medicine and Child Neurology. 48(6): 406-412.

Gilbert, Neil & Terrell, Paul.(2007). Dimensions of Social Welfare Policy. Pearson Education(2005). 남찬섭·유태균 옮김, 사회복지정책론-분석틀과 선택의 차원, 나눔의 집.

Glazer, B., G., and Strauss, A.L.(1967). The Discovery of Grounded Theory: Strategies for qualitative Research. Chicago: Aldline.

Graham, H. K., & Selber, P.(2003). *Musculoskeletal aspects of cerebral palsy*. J Bone Joint Surg. 85: 157-164.

Himmelmann, K., Beckung, E., Hagberg, G., & Uvebrant, P.(2006). *Gross and fine motor function and accompanying impairments in cerebral palsy.* Developmental Medicine & Child Neurology. 48(6): 417-423.

Holloway, F., & Carson, J.(2002). *Quality of life in severer mental illness*. International Review of Psychiatry. 14: 175-184.

Johnson, A.(2002). *Prevalence and characteristics of children with cerebral palsy in Europe.* Developmental Medicine & Child Neurology. 44(9): 633-640.

Margaret Holloway & Bernard Moss(2010). Spirituality and Social Work. 김용환・김승돈・정현태・오봉희 역(2014). 영성과 사회복지. 북코리아.

Schalock, R. L., & Keith, K. D.(2016). Cros, cultural quality of life: Enhancing the lives of people with intelectual disabilty(2nd ed.) Washington, DC: American Asociation on Intelectual and Developmental Disabilties.

Sigurdardottir, S., Thorkelsson, T., Halldorsdottir, M., Thorarensen, O., Vik, T.(2009). *Trends in prevalence and characteristics of cerebral palsy among Inclandic children born 1990 to 2003.* Developmental Medicine & Child Neurology. 51(5): 356-363.

Sperry, L.(2003). *Integrating spiritual direction functions in the practice of psychotherapy.* Journal of Psychology and Theology. 31(1): 3-13.

Steven, L. C. and Gary D. V. Hankins(2003). *Temporal and demographic trends in cerebral palsy; Fact and fiction*. Am J Obstet Gynecol. 188(3): 628-33.

Townsend-White, C., Pham, A. N. T., & Vasos, M. V.(2012). A systematic review of quality of life measures for people with intelectual disabilties and chalenging behaviours. Journal or Intelectual Disabilty Research. 56(3): 270-284.

エドワード・R・カンダレオラ・ディッド・ファーマン(2010). Spirituality Diversity in Social Work. Practice : The Heart of Helping. 木原活信・中川吉晴・藤井三和 譯 (2014). ソーシャルワークにおけるスピリチュアリティとは何か. ミネルヴァ書房.

國方弘子・中嶋和夫(2003). 精神障害者のQOL：うつコーピングと抑うつ性の影響. 日本看護研究學會雜誌. 26(5): 19-29.

牛田美織・日下和代他(2004). デイケアに通所する精神障害者の生活滿足度に關する研究. 日本看護科學會誌. 23(4): 20-30.

砂原茂一(1985). QOLの意味するもの. 理・作・療法. 19：507－512.

小山內美智子(1985). 自立生活においてのリハビリテーションとは. 理・作・療法. 19: 529.

立岩眞也(1995). 自立生活運動の生成と展開. 生の技法. 藤原書店.

障害者自立生活・介護制度相談 センター(1998). How to 介護保障 別冊資料 生活保護と住宅改造・福祉機器の制度. 身體障害者團體定期刊行物協會.

全國自立生活センター協議會(1996). 當事者主體の自立生活サポート. リハビリテーション研究. 89.

田崎美弥子・中根允文(2001). WHOQOLクオリティ・オブ・ライフ26手引き. 金子書房.

제2장

간순옥, 노병일(2016). 사회복지사의 심리적 안녕감에 영향을 미치는 생태체계적 요인. 사회과학연구. 27(3): 195-214.

강병철(2011). 사회적 낙인이 성소수자의 삶의 만족도에 미치는 영향. 사회복지연구. 42(2): 381-417.

고보경(2009). 뇌성마비장애인의 자아존중감 증진방안. 단국대학교, 박사학위논문.

김광득(2001). 여가와 현대사회. 서울: 백산출판사.

김동배・이희연(2003). 사회복지실천의 생태체계 패러다임과 연구방법론에 대한 고찰(Ⅰ). 연세사회복지연구. 9: 27-58.

김소영(2014). 정신장애인의 삶의 만족도에 영향을 미치는 요인에 관한 연구. 대전대학교, 박사학위논문.

김송석(2005). 장애인여가문화에 관한 연구. 단국대학교, 박사학위논문.

김윤혜(2001). 뇌성마비 학생의 교육관계가 자아존중감에 미치는 영향. 대구대학교, 박사학위논문.

김이영・배성우(2005). 가족지지 정도에 따른 정신장애인의 재활성과 차이. 가족과 문화. 17(2): 235-257.

남희은 (2015). 지체장애인의 사회적 차별인식이 삶의 질에 미치는 영향에 관한 연구. 한국장애인복지학. 30: 117-143.

민성길・이창일・김광일・서신영・김동기(2000). 한국판 세계보건기구 삶의 질 간편형 척도(WHOQOL-BREF)의 개발. 신경정신의학. 39(3): 571-579.

박성매(2012). 중등도 뇌성마비 성인 남성의 집단 미술치료 사례연구. 아동가족치료, 11: 117-132.

박승탁(2007). 생활재활교사의 생태체계적 특성이 삶의 질에 미치는 영향. 신학과 목회. 27: 253-285.

박은정(2013). 피부미용사에 대한 사회적 인식이 직업존중감과 직업만족도에 미치는 영향. 서경대학교, 석사학위논문.

박인혜・박소원・권혁철(2011). 뇌졸중 환자의 가족지지와 삶의 질에 대한 상관관계. 고령자치매작업치료학회. 5(2): 41-49.

박정아(2011). 장애인 유형에 따른 여가특성 연구. 한국관광 · 레저연구. 23(2): 279-297.

박현일 · 박원희(2015). 장애인 평생학습을 위한 여가문화 연구. 장애인평생교육 · 복지연구: 1(2), 71-96.

배나래 · 박충선(2009). 노년기 삶의 질에 영향을 미치는 생태체계적 요인에 관한 연구. 한국노년학. 29(2): 761-779.

배병렬(2014). Amos 21 구조방정식모델링. 서울: 청람.

백은령(2003). 지체장애인의 삶의 질에 영향을 미치는 요인에 관한 연구. 가톨릭대학교, 박사학위논문.

신종호(2008). 장애인의 문화생활 실태에 관한 연구. 서울시립대학교, 석사학위논문.

안혜영(2012). 뇌병변 환자의 생태체계적 요인이 삶의 질에 미치는 영향. 건국대학교, 석사학위논문.

엄명용 · 김성천 · 오혜경 · 윤혜미(2006). 사회복지실천의 이해. 서울: 학지사.

오명란(2015). 여성장애인의 심리적 복지에 영향을 미치는 생태학적 변인 연구. 전남대학교, 박사학위논문.

오혜경 · 백은령(2003). 장애인의 주관적 삶에 영향을 미치는 요인 연구. 한국직업재활학회. 13(2): 157-181.

이선영(2004). 생태체계관점에서 본 정신장애인의 삶의 질 영향요인 연구. 서울여자대학교, 박사학위논문.

이수봉(2013). 중증장애인의 여가활동에 대한 부모의 인식연구. 대구대학교, 박사학위논문.

이지수(2011). 차별경험과 자기낙인이 장애인의 삶의 만족도에 미치는 영향. 사회과학연구. 27(1): 277-299.

정승원(2014). 청각장애인의 장애수용이 자아존중감에 미치는 전망적 효과에 관한 연구. 장애와 고용. 24(1): 167-197.

정영숙 · 신은주(2011). 지체장애학생의 여가활동이 삶의 질에 미치는 영향과 복지정책 방안. 복지행정논총. 21(1): 1-23.

정일교(2015a). 사회적 지지가 뇌성마비장애인의 삶의 질에 미치는 영향: 자아존중감의 매개효과를 중심으로. 재활복지. 19(4): 61-81.

______(2015b). 뇌성마비장애인의 사회적 인식과 여가활동이 삶의 질에 미치는 영향. 한국케어복지연구. 10(1): 223-243.

정일교 · 김만호 (2014). 장애인복지론. 서울: 양서원.

정재춘(2013). 장애인의 여가스포츠 참여가 자아존중감과 삶의 만족에 미치는 영향. 관광연구. 28(2): 139-159.

정지영, 임정하(2011). 청소년의 기질, 가족건강성, 사회적 지지가 자아탄력성에 미치는 영향. 한국가정과교육학회지. 23(1): 37-51.

조용운 · 조경훈(2014). 장애인과 비장애인의 경제적 능력과 삶의 질. 보건사회연구. 34(2): 276-309.

주영하 · 정익중(2016). 발달장애인의 차별경험이 자아존중감에 미치는 영향. 사회과학연구. 32(1): 55-78.

최영상(2008). 뇌졸중 장애인의 삶의 질에 영향을 미치는 요인. 성균관대학교, 석사학위논문.

최일섭 · 고기숙(2007). 정신장애인의 서비스 이용, 가족지지, 사회적 지지가 삶의 질에 미치는 영향. 정신보건과 사회사업. 27: 331-359.

최화강(2012). 여성독거노인의 삶의 질에 영향을 미치는 생태체계요인에 관한 연구-자존감과 우울의 매개효과를 중심으로. 청주대학교, 박사학위논문.

최희수(1999). 정신분열병 환자의 직업재활 성과의 예측 요인에 관한 연구. 서울여자대학교, 박사학위논문.

허준수(2002). 도시노인의 여가활동에 영향을 미치는 요인들에 관한 연구. 한국노년학. 22(2): 227-247.

홍세희(2007). 구조방정식 모델의 이론과 응용. 워크샵교재. 연세대학교 사회복지대학원.

황주연(2008). 여성장애인의 여가활동이 자아존중감에 미치는 영향: 장애인복지관을 중심으로. 서울시립대학교, 석사학위논문.

Ambrosino, R., Heffernan, J., Shuttleworth, G., and Ambrosino, R. 2001. Social Work and Social Welfare, Belmont, CA: Wadsworth/Thomson Learning.

Arnold, P., & Chapman, M. (1992). *Self-esteem, asirations and expextations of adolescscents with physical disability.* Developmental Medicine & Child Neurology. 34: 97-102.

Barbara A.H. (1997). Promoting quality of life through leisure and recreation. In Robert L.S. & Gray N.S.(eds.), AAMR.

Bjomskov, C., Dreher, A., & Fischer, J.A.V. (2007). On Gender Inequality and Life Satisfaction: Does Discrimination mature?. LOF Working Paper. 161.

Bronfenbrenner, U. (1979). The ecology of human development: experiments by nature and design. MA: Havard University Press.

Compton, B. R., & Gallaway, B. (1999). Social work process, 6th ed. Pacific Grove, CA: Brooks/Cole Publishing Company.

Croker, J., & Major, B. (1989). *Socal stigma and Self-esteem: the Self-properties of stigma.* Psychological Review. 96(4): 608-630.

Kazak, A. E., & Clark, M.W.(1986). *Stress in families of child with myelomeningocele* . Developmental Medicine & Child Neurology. 28: 220-228.

Kline Rex B. (1998). Principle and practice of structural equation modeling. NY: Guilford Press.

Mayberry, W. (1992). Self-esteem in children with and without handicaps: A comparison of two groups. Manuscript under review, Colorado State University, Ft. Collins, Colorado.

Narimani, M., & Mousazadeh, T. (2010). *Comparing self-esteem and self-concept of handicapped and normal student*. Procedia: Social and Behavioral Science. 2: 1554-1557.

Netting, F. E., Kettner, P.M., & McMurtry, S. L. (1993). Social Work Macro Practice, White Plains. NY: Longman.

Ritsner, M., A. Gibel & Y.Rater. (2006). *Determinants of changes in perceived quality of life in the course of schizophrenia*. Quality of Life Research. 15: 515-526.

Zastrow. (2000). Introduction to Social Work and Welfare, 7th ed., Belmont, CA: Brooks/Cole.

제3장

김기장(2001). 뇌성마비학생의 자아존중감 특성. 우석대학교, 석사학위논문.

김대규 · 신동환(2015). 장애인의 사회경제적 지위가 삶의 질에 미치는 영향 연구-건강수준과 자아존중감의 매개효과-. 재활복지. 19(1): 151-172.

김세안(2004). 여성장애인의 자아존중감과 관련된 요인에 관한 연구. 서울대학교, 석사학위논문.

김윤정 · 이상진(2017). 한국장애인의 건강상태, 복지서비스이용과 가족 및 사회적 지지가 삶의 질에 미치는 영향. 예술인문사회융합멀티미디어논문지. 7(5): 615-624.

김은하 · 김윤희(2009). 주거시설과 재가정신장애인의 사회적 지지, 자아존중감 및 사회적응. 정신간호학회지. 18(1): 78-86.

김재익(2001). 뇌성마비인의 직업재활 활성화를 위한 다양한 지원서비스. 장애와 고용. 가을호: 21-50.

김재익(2011). 뇌성마비근로자의 직업유지에 미치는 예측요인에 관한 연구. 대구대학교, 박사학위논문.

김지현(2017). 청소년의 아동학대 피해경험과 학교폭력 피해경험이 자살생각에 미치는 영향-사회적 지지의 조절효과를 중심으로. 서울기독대학교, 박사학위논문.

김희국(2010). 정신장애인이 경험하는 사회적 지지와 편견이 삶의 질에 미치는 영향. 사회과학연구. 21(2): 63-84.

박성매(2012). 중등도 뇌성마비 성인 남성의 집단 미술치료 사례연구. 아동가족치료연구. 11: 117-132.

배점모(2015). 사회적 지지의 효과에 대한 이론적 고찰. 한국자치행정학보. 29(4): 49-70.

백은령(2003). 여성지체장애인의 삶의 질에 영향을 미치는 요인에 관한 연구. 가톨릭대학교, 박사학위논문.

성선진(2010). 청소년의 학교생활 적응 관련요인의 인과적 관계 분석. 충북대학교, 박사학위논문.

양옥남(2002). 노인의 비공식 지지에 대한 인지가 사회서비스 이용태도에 미치는 영향. 한국노년학. 21(3): 231-250.

오찬교(2015). 중도지체장애인의 자아존중감,사회적 지지 및 정신건강이 자립생활에 미치는 영향-장애

수용의 매개효과를 중심으로-. 호남대학교, 박사학위논문

우지연 · 김현숙(2004). 정신장애인의 자아상태와 삶의 만족도에 관한 연구. 정신간호학회지. 13(1): 14-22.

원기복(2016). 사회적 배재가 노인의 심리적 복지감에 미치는 영향 연구-사회적지지 정도의 조절효과를 중심으로-. 광운대학교, 박사학위논문.

이선영(2003). 정신장애인의 삶의 질에 영향을 미치는 요인 연구-정신보건센터를 중심으로. 사회복지실천. 3: 125-147.

임성욱 · 이숙자(2008). 지체장애인의 사회통합과 주관적 삶의 질의 관계: 사회적 지지의 매개효과 검증. 상담학연구. 9(2): 469-483.

임종호(2006). 뇌성마비인의 고용과 임금에 영향을 미치는 요인에 관한 연구. 가톨릭대학교, 박사학위논문.

장애인직업안전연구원(2004). 뇌병변장애인의 직업준비에 관한 연구.

정명숙 · 강석임(2010). 시설거주 정신장애인의 삶에 대한 만족에 영향을 미치는 요인들. 한국사회복지조사연구. 24: 81-108.

정승원(2014). 청각장애인의 장애수용이 자아존중감에 미치는 전망적 효과에 관한 연구. 장애와 고용. 24(1): 167-197.

정재춘(2013). 장애인의 여가스포츠 참여가 자아존중감과 삶의 만족에 미치는 영향-배드민턴 활동을 참여하는 척수장애인을 대상으로-. 관광연구. 28(2): 139-159.

조용운 · 조경훈(2014). 장애인과 비장애인의 경제적 능력과 삶의 질: 구조방정식 다중집단분석을 활용한 정신건강요인의 매개효과 검증. 보건사회연구. 34(2): 276-309.

최말옥(2007). 정신장애인 자아존중감 및 자기효능감과 삶의 질에 대한 차복지 프로그램 효과 연구. 한국차학회지. 13(1): 77-96.

최영상(2008). 뇌졸중 장애인의 삶의 질에 영향을 미치는 요인. 성균관대학교, 석사학위논문.

최희수(1999). 정신분열병 환자의 직업재활 성과의 예측 요인에 관한 연구. 서울여자대학교, 박사학위논문.

한국뇌성마비복지회(2011). 뇌성마비장애인의 사회통합과 삶의 질 향상을 위한 사회지원체계와 다양한 서비스 구축방안 심포지움.

한금선 · 이평숙 · 박은영(2001). 퇴원한 만성 정신질환자의 삶의 질과 영향 요인에 관한 연구. 정신간호학회지. 10(3): 265-275.

황보옥 · 박영준(2010). 여성지체장애인의 사회적 지지, 사회통합 및 삶의 질과의 인관관계. 재활복지. 14(3): 229-324.

Baron, R.M.& Kenny, D.A.(1986). *The moderator variable distinction in social psychological research:*

Conceptual, strategic and statistical consideration. Journal of Personality & Social Psychology. 51: 1173-1182.

Cheng, H., Furnham. A.(2003). *Perceived Parental Rearing Style, Self-esteem and Self-criticism As Predictors of Happiness.* Journal of happiness studies. 5: 1-21.

Corrigan, P.W., D. Faber, F. Rashid and M. Leary. (1999). *The construct validity of empowerment among consumers of mental health services*. schizophrenia Research. 38: 77-84.

Goldbeck, L., Schmitz, t. G., Besier, T., Herschbach, P., Henrich.G.(2007). *Life Satisfaction Decreases During Adolescence.* Quality of Research. 16(6): 969-979.

Lippold, T.& Burns,J.(2009). *Social support and intellectual disabilities: a comparison beteen social networks of adults with intellectual disability and those with physical disability.* Journal of intellectual Disability Research. 53(5): 464-473.

Nelson, G., Hall, G.B., Squire, D. & Richard,T.W.(1992). Social Network Transaction of Psychiatric Treatment Patients, Social Science & Medicine.

Plummer, D.(2001). Helping Children to Build Self-Esteem. A Photocopiasle Activities Book. Jessica Kingsley Publishers.

Ritsner, M., A. Gibel & Y. Rater. (2006). *Determinants of changes in perceived quality of life in the course of schizophrenia*. Quality of Life Research. 15: 515-526.

Rosenber, M.(1965). Society and the adolescent self-image. Princeton, NJ: Princetion University Press.

Ruesch, P., Graf, P. C. Meyer, W. Rossler & D. Hell. (2004), *Occupation, social support and quality of life in persons with schizophrenia or affective disorders.* Social Psychiatry and Psychiatric Epidemiology. 39: 686-694.

Weinberger, M., Tierney W. M., Booher P, Hiner S.L.(1990). *Social support, stress and functional status in patients with osteoarthritis*. Social Science Medicine. 30(4): 503-508.

Minsock, P., Fitzgerald, O., & Bresnihan, B.(2003). *Quality of life, social support, and knowledge of disease in women with rheumatoid arthritis*. Arthritis Careand Research. 49(2): 221-227.

Reinhardt, J. P.(2001). *Effects ofpositive and negative supportreceived and provided on adaptation to chronic visual impairment*. Applied Development Science. 5(2): 76-85.

제4장

김경식 · 전형상 · 김재운(2010). 한국인의 여가활동 제약과 삶의 만족도에 관한 구조모델분석. 한국여가레크리에이션학회지. 34(2:통권47호): 206-215.

김계하(2005). 미혼 여성의 음주양상과 흡연정도 및 우울에 관한 연구. 이화여자대학교 대학원, 석사학위논문.

김광득(2001). 여가와 현대사회, 백산출판사.

김문근(2009). 직업적 역할은 정신장애인이 지각한 편견을 감소시키는가. 사회복지연구. 40(3): 299-326.

김의수 · 이형국 · 임완기 · 최승권(1995). 운동과 성인병. 태근문화사.

김재운(2003). 교사의 스포츠형 여가활동 참가와 교직스트레스, 교직만족 및 자아실현의 관계. 서울대학교, 박사학위논문.

김재운 · 유생열(2006). 교대생의 스포츠형 여가활동 참가와 스트레스 및 대학생활 적응의 관계. 코치능력개발지. 8(4): 157-168.

노효련 · 안소윤(2001). 문헌을 통한 국내뇌성마비의 80년대부터 90년대까지의 동향연구. 대한물리치료학회지. 13(2): 459-465.

민성길 · 이창일 · 김광일 · 서신영 · 김동기(2000). 한국판 세계보건기구 삶의 질 척도 지침서(Korean version of WHOQOL). 하나의학사.

박은진(2013). 피부미용사에 대한 사회적 인식이 직업존중감과 직업만족도에 미치는 영향. 서경대학교, 석사학위논문.

박현숙 · 손민정 · 송진영(2013). 중증장애인의 차별경험이 삶의 만족도에 미치는 영향-장애수용의 매개효과 및 대인적 지지의 조절효과를 중심으로-. 장애와 고용. 23(1): 55-76.

백은령(2003). 지체장애인의 삶의 질에 영향을 미치는 요인에 관한 연구. 가톨릭대학교 대학원, 박사학위논문.

송강영(1999). 가정주부의 여가활동 참여와 가족응집력 및 적응력의 관계. 서울대학교 대학원, 박사학위논문.

유영미(2011). 뇌성마비 아동의 삶의 질을 예측하는 여가활동유형. 연세대학교 대학원, 석사학위논문.

이지수(2011). 차별경험과 자기낙인이 장애인의 삶의 만족도에 미치는 영향. 사회과학연구. 27(1): 277-299.

이홍구(1998). 생활체육참가와 사회연결망 및 사회적 지지의 관계. 서울대학교 대학원, 석사학위논문.

정승원(2014). 청각장애인의 장애수용이 자아존중감에 미치는 전망적 효과에 관한 연구. 장애와 고용. 24(1): 167-197.

정연홍(2013). 여가활동참여 장애인의 여가만족과 생활만족간의 관계. 동북아관광학회. 9(1:통권20호): 215-233.

정영숙 · 신은주(2011). 지체장애학생의 여가활동이 삶의 질에 미치는 영향과 복지정책 방안. 복지행정논총. 21(2): 1-23.

최주원 · 김영규(2011). 캐디의 사회적 인식과 업무환경에 따른 직무스트레스가 이직의도에 미치는 영향. 관광연구. 25(6): 415-432.

한국뇌성마비복지회 · 성균관대학교 사회복지연구소(2006). 청 · 장년 뇌성마비인의 욕구와 재활서비스 설정방향. 성균관대학교 사회복지연구소.

Bammel, G., & Burrus-Bammel, L, L.(1992). Leisure and human Behavior(2nded). Dubuque, IA: Wm. C. Brown.

Bjomskov, C., Dreher, A., & Fischer, J. A. V.(2007). On Gender Inequlity and Life Satisfaction: Does Discrimination matuer?. LOF Working Paper. 161.

John, T. R. (2003). What is the experience of growing up with a physical disability (Cerebral palsy). Ph D. Dissertation of union institute and university.

Kelly, J. R.(1990). Leisure(2nd Ed.). Engieiwood Cliffs, N., J.: Prentice-Hall.

Link B. G., Cullen F .T ., Struening E., Shrout P., & Dohrenwend B.P.(1989). A modified abeling theory approach in the area of mental disorders: An empirical asses sment. American Sociological Review. 54: 100-123.

Marcel & Dijkers(1999). *Correlates of life Satisfaction among persons with spinal cord injury.* Archives of Physical Medicine and Rehabilitation. 80(8): 867-878.

Steven, L. C. and Gary D. V. Hankins(2003). *Temporal and demographic trends in cerebral palsy; Fact and fiction*. Am J Obstet Gynecol. 188(3): 628-33.

제5장

김선규 · 이한선(2010). 장애인의 여가활동 실태 및 활성화 방안 연구. 지적장애연구. 12(1): 123-147.

김수정(2016). 역사의 공중이용시설에서 편의시설 설치실태평가에 관한 연구. 한국디자인트포럼. 53: 57-67.

김영천(2015). 질적연구방법론 Ⅱ. 아카데미프레스.

김인숙(2016). 사회복지연구에서 질적 방법과 분석. 집문당.

김한철(2004). 시각 및 청각장애인의 여가활동 참여유형과 여가제약 요인에 관한 연구. 한국스포츠리서치. 15(6): 1059-1070.

남현주 · 이현지(2017). 장애인의 여가활동참여와 여가만족, 삶의 질과의 관계. 재활복지. 21(1): 121-140.

박영준 · 심경순(2013). 정신장애인의 사회적 지지, 여가만족 그리고 사회기술능력과의 인과관계연구. 재활복지. 17(1): 137-162.

보건복지부(2015). 장애인활동지원 사업안내(4).

유기웅 · 정종원 · 김영석 · 김한별(2015). 질적 연구방법의 이해. 박영사.

유영미(2011). 뇌성마비 아동의 삶의 질을 예측하는 여가활동유형. 연세대학교 대학원, 석사학위논문.

이미애 · 전석옥(2010). 대체의사소통체계 사용이 최중도 뇌성마비아동의 의사소통기술 습득에 미치는 효과. 재활복지. 14(40): 79-98.

이보미(2016). 노년의 삶에 의미를 부여하는 여가역할에 관한 질적 연구. 관광학연구. 40(8): 99-115.

이효선(2005). 사회복지실천을 위한 질적 연구. 학현사.

임민식(2012). 청각장애인의 여가활용 지원에 대한 질적 연구. 한국청각 · 언어장애교육연구. 3(2): 87-108.

정소연 · 임경원 · 김상섭(2013). 지체장애인, 청각장애인 및 비장애인의 의사소통 삶의 질 비교. 재활복지. 17(2): 279-297.

정연수(2013). 유형재편 후 직업재활시설 중증장애인의 여가활동에 대한 질적 연구. 재활복지. 17(20): 173-198.

정영숙 (2011). 장애학생의 여가생활이 심리적 회복력에 미치는 영향. 특수교육재활과학연구. 50(3): 93-111.

정영숙 · 신은주(2011). 지체장애학생의 여가활동이 삶의 질에 미치는 영향과 복지정책 방안. 복지행정논총. 21(2): 1-23.

정일교(2017). 뇌성마비장애인의 삶의 질에 영향을 미치는 생태체계변인분석. 인문사회과학연구. 18(1): 369-406.

______(2015). 뇌성마비장애인의 사회적 인식과 여가활동이 삶의 질에 미치는 영향. 한국케어복지연구. 10(1): 223-243.

정일교 · 김만호(2016). 장애인복지론. 양서원.

정재권(1996). 뇌성마비학생의 여가활동실태. 한국지체중복건강장애교육학회. 28: 11-27.

최종혁(2009). 질적 연구방법론. 양서원.

하지선 · 김정현 · 임정현 · 김정연(2017). 보건의료복지 네트워크를 통한 통합적 지원에 관한 질적 연구-서울특별시 북부병원 301네트워크 사업 이용자 경험을 중심으로-. 한국사회복지학회. 69(2): 143-169.

황호원 · 조정현(2016). 항공교통약자 안전 및 이용편의를 위한 비교법적 연구. 한국항공우주정책법학회지. 31(1): 63-97.

Carruthers, C., & Hood, C.(2004). *The power of the positive: Leisure and well-being.* Therapeutic Recreation Journal. 38(2): 225-245.

Gladwell, N. J., & Bedini, L. A.(2004). *In search of lost leisure: the impact of caregiving on leisure travel.* Tourism Management. 25: 685-693.

Glazer, B., G., and Strauss, A. L.(1967). The Discovery of Grounded Theory: Strategies for qualitative Research, Chicago: Aldline.

Iwasaki, Y. (2007). *Leisure and quality of life in an international and multicultural context: What are major pathways linking leisure to quality of life?.* Social Indicators of Research. 82(2): 233-264.

Iwasaki, Y. (2008). *Pathways to meaning-making through leisure-like pursuits in global contexts.* Journal of Leisure Research. 40(2): 231-249.

King, G., Batorowicz, B., Rigby, P., Pinto, M., Thompson, L., & Goh, F. (2014). *The leisure activity settings and experiences of youth with severe disabilities*. Developmental Neurorehabilitation. 17(4): 59-269.

Rudnick, A. (2005). *Psychiatric Leisure rehabilitation: Conceptualization and illustration.* Psychiatric Rehabilitation Journal. 29(1): 63-65.

Snape, D., and Spencer, L.(2003). “The Foundation of Qualitative Research”. 1-23, editded by Ritchie, J., Lewis, J., Nicholls, C. M., & Ormston, R., in Qualitative Research practice: A guide for social science students and researchers, London: Sage.

제6장

강경순(2013). 정신장애인의 영적안녕과 임파워먼트가 삶의 질에 미치는 영향. 영성과 사회복지. 1(1): 79-102.

강선경(2015). 사회적 낙인, 영성, 자아존중감이 HIV/AIDS 감염인의 삶의 질에 미치는 영향에 관한 연구. 생명연구. 38: 97-134.

권석만(2011). 긍정심리학. 서울: 학지사.

김경희 · 강미경 · 노혜련(2013). 강점관점 사례관리의 적용과 성과에 대한 탐색적 연구. 한국사회복지질적연구. 7(2): 175-203.

김도희(2016). 사회복지실천과 영성에 관한 고찰. 사회과학연구. 32(1): 79-104.

김소남 · 이상복(2013). 지역사회 거주 노인의 영적안녕, 사회적 지지, 생활만족도 및 우울의 관계. 동서간호학회지. 19(2): 196-204.

김윤정 · 이상진(2017). 한국장애인의 건강상태, 복지서비스이용과 가족 및 사회적 지지가 삶의 질에 미치는 영향. 예술인문사회융합멀티미디어논문지. 7(5): 615-624.

정호(20014). 마음챙김명상의 유형과 인지행동치료적 함의. 인지행동치료. 4(2): 27-44.

김희국(2010). 정신장애인이 경험하는 사회적 지지와 편견이 삶의 질에 미치는 영향. 사회과학연구.

21(2): 63-84.

노승현 · 신유리 · 김정석(2017). 고령장애인의 차별경험과 사회적 지지가 신체적 건강 및 정신적 건강에 미치는 영향-장애정체감의 매개효과와 장애정도에 따른 다중집단분석. 재활복지. 21(2): 113-137.

민성길 · 이창일 · 김광일 · 서신영 · 김동기(2000). 한국판 세계보건기구 삶의 질 간편형 척도(WHOQOL-BREF)의 개발. 신경정신의학. 39(3): 571-579.

서영숙 · 정추영(2016). 중년기 남성의 가족지지, 사회적 지지 및 일터영성이 삶의 질에 미치는 영향. 한국임상보건과학지. 4(4): 782-789.

신동민(2013). 노인의 영성이 자아통합감에 미치는 영향: 사회적 지지의 조절효과를 중심으로. 영성과 사회복지. 1(20): 49-76.

염형욱 · 정성덕 · 서완석 · 구본훈 · 배대석(2005). 노년기 영성과 불안 · 우울 및 삶의 질과의 관계. 영남의대학술지. 22(1): 27-42.

오복자 · 전희순 · 소외숙 (2001). 한국어판 영성측정도구(SAS)의 신뢰도와 타당도 검증 연구. 종양간호학회지. 1(2): 168-179.

윤현숙 · 임연옥 · 고윤순 · 범경아(2015). 노인의 영성, 사회적 지지, 우울이 죽음불안에 영향을 미치는 경로분석. 한국지역사회복지학. 53: 229-254.

이경열 · 김정희(2005). 영성증진 훈련프로그램이 영성, 자아존중감, 사회적 지지 및 삶의 질에 미치는 효과. 한국심리학회 학술대회 자료집. 2005(1): 274-275.

이경화 · 심은주(2013). 유아교사의 영성과 직무만족 및 직장 내 사회적 지지에 대한 인식 간의 관계. 열린유아교육연구. 18(3): 179-199.

이수천 · 강선옥 · 장미정 · 윤승비(2014). 독거노인의 자아존중감, 사회적 지지, 영성이 고독감에 미치는 영향. 한국가족복지학. 44: 139-161.

이지영 · 용진선(2016). 뇌졸중환자 가족돌봄제공자의 영성과 삶의 질 모델. 성인간호학회지. 28(6): 619-627.

이창진(2013). 성령세미나의 영성체험에 대한 현상학적 고찰. 단국대학교 대학원, 박사학위논문.

임성욱 · 이숙자(2008). 상담일반: 지체장애인의 사회통합과 주관적 삶의 질의 관계: 사회적 지지의 매개효과 검증. 상담학연구. 9(2): 469-483.

장영림(2014). 중년기 여성의 영성과 삶의 질 간의 관계에서 생산성과 자아정체감의 매개효과. 단국대학교 대학원, 박사학위논문.

정일교(2015). 사회적 지지가 뇌성마비장애인의 삶의 질에 미치는 영향: 자아존중감의 매개효과를 중심으로. 재활복지. 19(4): 61-81.

천정웅(2010). 영성 사회복지와 청소년개발. 서울: 신정.

최명심(2009). 삶의 의미에 영향을 미치는 종교적 대처의 매개역할과 의미치료 프로그램의 효과검증. 전북대학교 대학원, 박사학위논문.

최영상(2008). 뇌졸중 장애인의 삶의 질에 영향을 미치는 요인. 성균관대학교 대학원, 석사학위논문.

최일섭 · 고기숙(2007). 정신장애인의 서비스이용, 가족 지지, 사회적 지지가 삶의 질에 미치는 영향. 정신보건과 사회사업. 331-359.

최희수(1999). 정신분열병 환자의 직업재활 성과의 예측 요인에 관한 연구. 서울여자대학교대학원, 박사학위논문.

한내창(2002). 종교성이 정신건강에 미치는 영향에 대한 연구. 한국사회과학. 36(3): 157-182.

황보옥 · 박영준(2010). 여성지체장애인의 사회적 지지, 사회통합 및 삶의 질과의 인관관계. 재활복지. 14(3): 229-324.

エドワード・R・カンダレオラ・ディッド・ファーマン(2010). Spirituality Diversity in Social Work. Practice : The Heart of Helping. 木原活信・中川吉晴・藤井三和 譯 (2014). ソーシャルワークにおけるスピリチュアリティとは何か. ミネルヴァ書房.

Baker, Baker, D, C.(2003). *Studies of the inner: The impact of spirituality on quality of life.* Quality of life Research. 12: 51-57.

Balada. F. A.(2005). A training manual for improving the quality of life elders in Adult Day Centers. San Francisco: Alliant International University.

Baron, R.M.& Kenny, D.A.(1986). *The moderator variable distinction in social psychological research: Conceptual, strategic and statistical consideration.* Journal of Personality & Social Psychology. 51: 1173-1182.

Brady, M. J., Peterman, A. H., Fitchett, G., Mo, M., & Cella, D.(1999). *A case for including spirituality in quality of life Measurement in oncology*. Psycho-Oncology. 8: 417-428.

Butler, J., & Ciarrochi, J.(2007). *Psychological acceptance and quality of life in the elderly*. quality Life Res. 16(4): 607-615.

Canda, E. R.(1988). *Conceptualizing in spirituality for social work: Insights form diverse perspectives.* Social Thought. 14(1): 30-46.

Conn, J. W.(1996). Women's Spirituality: Resources for Christian Development. New York: Paulist Press.

Faver, C. A.(2004). *Relational spirituality and social care-giving*. Social Work. 49(2): 242-249.

Gray, M.(2008). *Viewing spirituality in social work through the lens of contemporary social theory.* British Journal of Social Work. 38(1): 175-196.

Habib, L. A.(1995). *Women and Disability don`t mix : Double Discrimination and Disabled women`s right.*

Gender and Development. 3(2): 49-53.

Hermann. C, P.(2001). *Spiritual needs of dying patients: a qualitative study.* Oncol Nurs Forum. 28(1): 67-72.

Hodge, D. R.(2000). *Spirituality: Toward a theoretical framework.* Social Thought. 19(4): 1-20.

Howden, J.(1992). Development and psychometric characteristics of the Spirituality Assessment Scale. Unpublished doctoral dissertation, Denton: Texas Woman's University.

Lippold, T.& Burns, J.(2009), *Social support and intellectual disabilities: a comparison between social networks of adults with intellectual disability and those with physical disability.* Journal of intellectual Disability Research. 53(5): 464-473.

Margaret Holloway & Bernard Moss(2010). Spirituality and Social Work. 김용환 · 김승돈 · 정현태 · 오봉희 역(2014). 영성과 사회복지. 북코리아.

Ritsner, M., A. Gibel & Y. Rater.(2006). *Determinants of changes in perceived quality of life in the course of schizophrenia.* Quality of Life Research. 15: 515-526.

Ruesch, P., Graf, P. C. Meyer, W. Rossler & D. Hell.(2004). *Occupation, social support and quality of life in persons with schizophrenia or affective disorders.* Social Psychiatry & Psychiatric Epidemiology. 39: 686-694.

Saleem, R., and Khan, K.(2015). *Impact of Spirituality on Well-Being among Old Age People.* The International Journal of Indian Psychology. 2(3): 172-182.

Sawatzky, Rick, Pamela A. Ratner, Lyren Chiu(2005). *A meta-analysis of the relationship between spirituality and Quality of life.* Social indicators research. 72(2): 153-188.

Tanyi, R. A.(2002). *Towards clarification of the meaning of spirituality.* Journal of Advanced Nursing. 39(5): 500-509.

Thomson J. E.(2000). *The place of spiritual well-being in hospice patient`s overall quality of life.* Hosp J. 15(2): 13-27.

Tucker, L. M.(2010). *Quest for wholeness: Spirituality in teacher education.* Encounter, Education for Meaning and Social Justice. 23(2): 1-10.

Wilber, K.(2000). Sex, ecology, spirituality: The spirit of evolution(2nd ed.). Boston: Shambhala..

Zimet, G. D., Dahlem, N. W., Zimet, S. G. & Farley, G. K. (1988). *The Multidimensional Scale of Perceived Social Support.* Journal of Personality Assessment. 52: 30-41.

보론

G. Quinn and T. Degener, Human Rights and Disability(2002). United Nations New York and Geneva.

Michael Oliver, Understanding Disability(1996). Red Globe Pressat.

Theresia Degener(2016). Routledge Handbook of Disability Law and Human Rights. Edited ByPeter Blanck, Eilionóir Flynn.

岡部耕典(2019).「障害者」と/のシティズンシップ-排除と周辺化の構造とマッカーニズム. 福祉社會學研究. 16: 55-71.

龜山俊郞(2019). 福祉の領域を切り開く. 福祉社會學研究. 16: 7-12.

久野研二(2018). 社會の障害をみつけよう. 現代書館.

宮本太郎(2017). 共生保障<支え合い＞の戰略. 岩波新書.

杉野昭博(1999). 障害者福祉改革と權利保障. 社會福祉學. 38(20): 1-14.

世界保健機關著・障害者福祉研究會編(2002). ICF國際生活機能分類. 中央法規出版.

植田章(2011). 知的障害者の加齢と福祉實踐の課題. 高菅出版.

新井愛子(2010). 障害福祉學の支援觀ー自己實現を支える關係性ー. 筒井書房.

伊藤葉子(2017). 障害者の自立生活支援とシティズンシップーAJU自立の家の運動と實踐を通してー. 日本福祉大學大學院福祉社會開發研究科, 博士(社會福祉學) 學位論文.

佐藤久夫・小澤溫(2000). 障害福祉學の世界. 有斐閣.

佐藤久夫(1991). 社會福祉專門職ライブラリ-<社會福祉士>障害福祉論. 誠信書房.

DARU: http://www.daru.org.au/.

에필로그

본 연구는 '장애인의 삶은 어떠해야 하는가?'라는 의문에서 시작하였다. 특히 일본에서 자립생활센터에서 근무하던 시절의 장애인의 삶과 우리나라의 장애인의 삶에 대한 현실을 보았을 때 많은 생각을 하게 되었다. 그래서 어떻게 하면 우리나라의 장애인들도 본인이 원하는 삶을 살아갈 수 있을까? 라는 질문에서 장애인의 삶의 질에 대한 연구를 시작하였다.

장애인복지의 제도화, 법제화를 통해 장애인의 욕구가 충족되어가는 이 시점에서 장애인의 삶의 질에 대한 연구는 시대에 뒤늦은 연구주제인가 하는 의문도 제기되었지만 장애인에게 있어서 현실적으로 정말 무엇이 문제이며, 필요한 부분은 무엇인가를 살펴보고 싶었다. 특히 우리나라 뇌성마비장애인의 삶은 다른 장애인들도 마찬가지이지만 주변에 가까운 뇌성마비장애인들의 삶의 어려움을 자주 접하면서 뇌성마비장애인의 삶의 질 향상을 위해 무엇을 해야 하는지 알아보고 싶었다.

본 연구를 통해 뇌성마비장애인들에게 있어서 여가문화활동에 대한 욕구가 많았으며 특히 여행에 대한 욕구가 높았다는 것을 알 수 있었다. 따라서 여가문화활동이 장애인의 삶의 질에 중요한 영향을 미치는 만큼 뇌성마비장애인의 사회참여를 촉진하기 위한 사회적 인식의 변화, 인간존엄성의 존중, 인권으로서의 여가문화활동 지원의 시사점을 제언하게 되었다. 또한 본 연구를 통해 장애인의 여가문화활동을 인권차원에서 보장하기 위해 많은 과제가 있음을 알게 되었으며 지속적인 노력을 기울여야 할 본인의 과제로 인식하게 되었다.

본 연구는 일본복지대학의 박사과정 학위논문을 중심으로 정리한 것이다. 연구가 완성되기까지 많은 지도와 도움을 주신 많은 분들께 감사의 인사를 드린다. 특히 연구 준비과정에 도움을 주신 일본 관서학원대학 마츠오카(松岡克尙) 교수님, 이성한 교수님, 권현주 교수님, 연구가 완성되기까지 세심한 지도와 조언을 해주신 일본복지대학 노구치 사다히사(野口定久) 교수님, 장애인 자립생활, 장애인 사회모델과 인권모델에 대한 조언을 해주신 키마다(木全和己) 교수님, 논문의 구성과 전체적인 흐름을 보완해 주신 스에모리(末盛慶)교수님께 감사의 인사를 전합니다.

또한 자료수집에 도움을 주신 뇌성마비장애인복지관, 장애인복지관, 장애인자립생활센터를 이용하시는 이용자님, 우리 대학 졸업생 한동국님, 중구길벗장애인자립생활센터 김성은 소장님, 강서뇌성마비장애인복지관 박세영 관장님, 대구 상록뇌성마비장애인복지관 조재삼 관장님, 안동시장애인복지관 정상훈 국장님, 도움을 주신 장애인복지관 국장님들께도 감사의 인사를 드린다. 마지막으로 연구가 완성되기까지 도움을 주신 가톨릭상지대학교 정 일 총장님과 사회복지과 교수님들께도 감사의 인사를 드린다.

저자 소개

▎정일교

중앙대학교 대학원 사회복지학 석사
일본 關西學院大學 대학원 사회복지 박사과정수료
日本福祉大學 대학원 사회복지학 박사
한국복지정책연구소 연구원
현, 가톨릭상지대학교 사회복지과 교수

〈저서〉 장애인복지론, 케어복지실천기술론 외 다수

한국 뇌성마비장애인의 QOL에 대한 이해
-여가문화활동을 중심으로-

1판 1쇄 인쇄 — 2020년 10월 29일
1판 1쇄 발행 — 2020년 11월 3일

저 자 - 정일교
발 행 인 - 강철원
발 행 처 - 양성원
주 소 - 경기도 파주시 검산로 173번길 29-20
전 화 - 031-946-3861(代)
팩 스 - 031-946-3864
이 메 일 - tnwpub@naver.com
홈페이지 - tnwpub.co.kr
출판등록 - 2015년 8월 31일 제 2015-000211 호

ISBN 979-11-6126-325-0

정가 20,000원